Cuentos populares y leyendas japonesas

Una apasionante colección de cuentos, criaturas míticas, héroes y relatos atemporales

© Copyright 2025

Todos los derechos reservados. Ninguna parte de este libro puede ser reproducida de ninguna forma sin el permiso escrito del autor. Los revisores pueden citar breves pasajes en las reseñas.

Descargo de responsabilidad: Ninguna parte de esta publicación puede ser reproducida o transmitida de ninguna forma o por ningún medio, mecánico o electrónico, incluyendo fotocopias o grabaciones, o por ningún sistema de almacenamiento y recuperación de información, o transmitida por correo electrónico sin permiso escrito del editor.

Si bien se ha hecho todo lo posible por verificar la información proporcionada en esta publicación, ni el autor ni el editor asumen responsabilidad alguna por los errores, omisiones o interpretaciones contrarias al tema aquí tratado.

Este libro es solo para fines de entretenimiento. Las opiniones expresadas son únicamente las del autor y no deben tomarse como instrucciones u órdenes de expertos. El lector es responsable de sus propias acciones.

La adhesión a todas las leyes y regulaciones aplicables, incluyendo las leyes internacionales, federales, estatales y locales que rigen la concesión de licencias profesionales, las prácticas comerciales, la publicidad y todos los demás aspectos de la realización de negocios en los EE. UU., Canadá, Reino Unido o cualquier otra jurisdicción es responsabilidad exclusiva del comprador o del lector.

Ni el autor ni el editor asumen responsabilidad alguna en nombre del comprador o lector de estos materiales. Cualquier desaire percibido de cualquier individuo u organización es puramente involuntario.

Índice

INTRODUCCIÓN 1
CAPÍTULO 1 - HISTORIAS ANTIGUAS 3
CAPÍTULO 2 - CUENTOS SOBRE LOS KAMI 14
CAPÍTULO 3 - EL ESPÍRITU SAMURÁI 28
CAPÍTULO 4 - CUENTOS POPULARES DE AMOR Y DESTINO ... 40
CAPÍTULO 5 - YOKAI Y CRIATURAS SOBRENATURALES 52
CAPÍTULO 6 - SUSURROS DEL MAR Y CANCIONES DEL RÍO ... 67
CAPÍTULO 7 - AVENTURAS Y LEYENDAS EN LA NATURALEZA ... 79
CAPÍTULO 8 - CUENTOS DE FANTASMAS 92
CAPÍTULO 9 - LA SABIDURÍA DE LOS ANCIANOS 103
CAPÍTULO 10 - SÍMBOLOS CLAVE DEL FOLCLORE JAPONÉS ... 112
CONCLUSIÓN 116
VEA MÁS LIBROS ESCRITOS POR ENTHRALLING HISTORY ... 118
REFERENCIAS 119
FUENTES DE IMAGENES 122

Introducción

En todos los rincones del mundo, los cuentos populares y las leyendas han formado parte esencial de las culturas, transmitiéndose de generación en generación como fuentes de sabiduría, advertencia e inspiración. La historia de estos relatos es tan antigua como la propia humanidad, y se remonta a los tiempos más remotos, cuando los pueblos trataban de explicar los misterios del mundo natural, enseñar lecciones morales y preservar su patrimonio cultural.

El viaje a través de la historia de los cuentos populares y las leyendas revela cómo las sociedades han entendido su mundo e interactuado con él. Desde los cuentos de los dioses mitológicos de Grecia hasta los espíritus embaucadores del folclore africano, estos relatos han conformado la historia y la cultura humanas, sirviendo de espejos que reflejan las esperanzas, temores y aspiraciones de sus narradores.

En Japón, los cuentos populares y las leyendas ocupan un lugar especial en el patrimonio cultural de la nación. Estas historias no son un mero entretenimiento, sino que ofrecen una visión del modo de vida, los valores y la profunda conexión de los japoneses con la naturaleza. Dos de los textos históricos más significativos que recogen estas antiguas historias son el *Nihon Shoki* y el *Kojiki*.

El *Nihon Shoki*, también conocido como *Crónicas de Japón*, es una de las historias más antiguas de Japón, concluida en el año 720 d. C. Fue encargada por la corte imperial y ofrece un amplio relato de la historia temprana de Japón, desde la creación del mundo hasta el siglo VIII. El *Nihon Shoki* está escrito en chino clásico y es considerado un texto fundamental para comprender los primeros mitos de Japón, incluidos los relatos de los kami, o dioses, y los emperadores legendarios.

El *Kojiki*, o *Registro de Antiguos Asuntos*, es anterior al *Nihon* Shoki y se terminó en el año 712 d. C. A diferencia del *Nihon Shoki*, el *Kojiki* está escrito en una mezcla de chino clásico y japonés fonético. Ofrece un relato más íntimo y poético de los mitos de la creación de Japón, la genealogía de los dioses y las hazañas de los primeros emperadores. El *Kojiki* es un tesoro por su vívida narración y su preservación de las primeras formas de la lengua y los mitos japoneses.

Estos dos textos no son sólo registros históricos; son la base del patrimonio mitológico de Japón. Ofrecen una ventana al antiguo mundo del pueblo japonés, donde los dioses caminaban sobre la tierra y el mundo natural estaba impregnado de presencia divina. A través de estas crónicas, se revela la creación de las islas japonesas por la pareja divina de Izanagi e Izanami, las hazañas de la diosa del sol Amaterasu y los heroicos actos de legendarios guerreros.

Aparte de estos antiguos textos centrados en los mitos, muchos registros escritos detallan historias y cuentos populares que transmiten la sabiduría de los ancianos. Estas historias se han transmitido de generación en generación, capturando la esencia de la cultura japonesa y la sabiduría colectiva de su pueblo. Cuentos de astutos animales, sabios ancianos y valientes héroes ofrecen lecciones morales y reflejan los valores y creencias que han dado forma a la sociedad japonesa.

Al iniciar nuestra exploración de los cuentos populares y las leyendas de Japón, nos adentramos en un reino en el que las líneas entre lo natural y lo sobrenatural se entremezclan. Estas historias están pobladas de poderosas deidades, valientes samuráis, astutos embaucadores y temibles yokai (criaturas sobrenaturales). Sin embargo, los mitos y leyendas que se analizan en este libro son algo más que historias: son tradiciones vivas que siguen influyendo en la cultura japonesa contemporánea.

Capítulo 1 - Historias Antiguas

En el antiguo Japón, enclavada entre frondosos bosques y ríos centelleantes, había una pequeña aldea. Las casas de tejado de paja, construidas con madera y mimbre, se amontonaban unas junto a otras. El humo salía perezosamente de las chimeneas, mezclándose con la bruma matinal que flotaba sobre los campos. El aroma del arroz fresco, cosechado en los arrozales en terrazas que abrazaban las laderas, llenaba el aire, mezclándose con el terroso aroma de los bosques circundantes.

Los niños corrían descalzos por los estrechos caminos de tierra, mientras sus risas resonaban. Los aldeanos se afanaban en sus tareas cotidianas. Los agricultores cuidaban sus cosechas, los pescadores echaban las redes en los arroyos cristalinos y los artesanos fabricaban herramientas y cerámica con gran habilidad. La vida aquí seguía el ritmo de las estaciones.

Más allá de esta serena aldea, la tierra de Japón se extendía en todas direcciones, un mosaico de montañas, ríos y bosques. Majestuosos volcanes perforaban el horizonte, con sus cumbres envueltas en remolinos de niebla, como silenciosos centinelas que vigilaban el archipiélago. Era una tierra en la que el suelo parecía vivo, donde las montañas susurraban secretos al viento y los ríos entonaban canciones ancestrales en su camino hacia el mar. Bosques milenarios, densos y llenos de vida, cubrían el paisaje y sus hojas susurraban como el suave murmullo de mil voces. El aire estaba impregnado del aroma de las flores y la tierra fértil.

Monte Yōtei, un estratovolcán activo en Hokkaido [1]

Sin embargo, no siempre fue así: los científicos creen que las islas japonesas estaban bajo el mar antes del Mioceno. Desde una perspectiva científica, este encantador archipiélago nació del choque de placas tectónicas. Durante millones de años, las implacables fuerzas de la corteza terrestre han estado trabajando bajo el océano, empujando y tirando, creando grandes terremotos y erupciones volcánicas. La Placa del Pacífico y la Placa del Mar de Filipinas chocaron y se subdujeron, forzando al fondo marino a doblarse y plegarse, dando origen a montañas submarinas que acabaron por abrirse paso hasta la superficie. Estos procesos geológicos esculpieron las islas, dando lugar a imponentes picos y extensos valles.

Sin embargo, existía otra explicación para la creación de esta tierra. Los habitantes del antiguo Japón veían su mundo no sólo como el resultado de fuerzas naturales, sino como un lugar imbuido de espiritualidad y magia. Para ellos, las montañas, los ríos y los bosques no eran meros accidentes geográficos, sino entidades vivas, cada una con su propia alma e historia. Los volcanes eran moradas de feroces deidades y los bosques, santuarios de innumerables espíritus.

La leyenda de Izanagi e Izanami, los dos creadores de Japón

Una de esas leyendas que habla del nacimiento de las islas japonesas comienza con dos figuras divinas: Izanagi e Izanami. Todo comenzó cuando estos seres celestiales se pararon en la escalera del cielo conocida como Ama-no-hashidate. Allí, contemplaron la caótica extensión inferior, sin ver nada más que un vasto océano oscuro y sin vida. En sus manos sostenían una lanza enjoyada. Sumergieron la lanza en las aguas originarias, agitando el caos. Cuando volvieron a sacar la lanza, gotitas de agua cayeron al océano, solidificándose en tierra. Se había creado la primera isla, Onogoro-shima.

Fue en esta isla sagrada donde Izanagi e Izanami decidieron establecer su nuevo hogar. Construyeron un palacio y se prepararon para su ceremonia nupcial. En el centro de su nueva morada había un majestuoso pilar (u otra lanza, según otras fuentes). Alrededor de este pilar, ambos dioses celebraron un ritual para consagrar su unión. Izanagi e Izanami rodearon el pilar en direcciones opuestas. Sin embargo, cuando se cruzaron, Izanami habló primero, rompiendo el orden sagrado.

Izanagi e Izanami, agitando el océano con su legendaria lanza para crear Japón [2]

Las consecuencias de este error fueron inmediatas y profundas, pero no afectaron directamente a los dos dioses. En su lugar, las consecuencias recayeron sobre su primer hijo. Conocido como Hiruko, el niño nació sin huesos. Descorazonados, colocaron a Hiruko en una cesta y lo dejaron a la deriva en el mar, con la esperanza de que las aguas se apiadaran de él. A pesar de su trágico comienzo, Hiruko sería conocido más tarde como Ebisu, el patrón de los pescadores y uno de los siete dioses de la buena suerte. Era venerado por su resistencia.

Sin inmutarse, Izanagi e Izanami continuaron sus esfuerzos, dando a luz junto a la isla de Awa. Sin embargo, no quedaron satisfechos con el resultado. Confundidos, se dirigieron a los siete dioses invisibles, sus padres, quienes les revelaron la razón de sus desgracias. Los dioses les explicaron que la mala ejecución del ritual matrimonial había sido la causa de su desgracia. Decididos a arreglar las cosas, Izanagi e Izanami repitieron la ceremonia, esta vez asegurándose de que Izanagi hablara primero.

Una vez completado el ritual, su unión floreció. Juntos, crearon las ocho islas principales de Japón: Awaji, Shikoku, Oki, Tsukushi (Kyushu), Iki, Tsushima, Sado y Oyamato. Estas islas se convirtieron en el corazón del archipiélago japonés. Pero las islas no fueron su única descendencia. Izanagi e Izanami también dieron a luz a multitud de seres divinos, conocidos como kami.

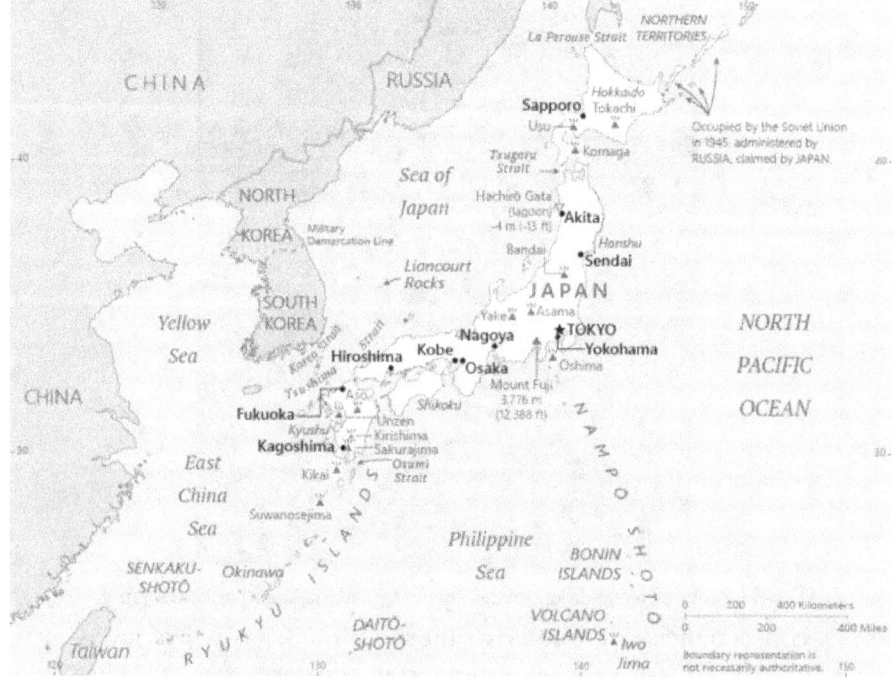

Mapa de las principales ciudades e islas de Japón'

El concepto de kami está profundamente arraigado en la esencia de la espiritualidad japonesa. Los kami no son sólo dioses, sino también espíritus que habitan en todas las cosas, tanto animadas como inanimadas. Pueden ser espíritus de la naturaleza, antepasados o incluso ideas y fuerzas. Entre los hijos notables de Izanagi e Izanami estaban Oho-wata-tsu-mi, el dios del mar; Kuku-no-shi, el dios de los árboles; y Oho-yama-tsu-mi, el dios de las montañas.

Estos kami encarnaban los elementos y fuerzas de la naturaleza que daban forma al mundo. Eran venerados y adorados, y su presencia se sentía en todos los rincones de la tierra. Pero la suerte no estaba destinada a acompañar a la divina pareja durante mucho tiempo. Izanami estaba destinada a morir en el momento en que diera a luz a otro kami conocido como Kagutsuchi, el dios del fuego.

El nacimiento de Kagutsuchi fue una escena tan maravillosa como trágica. Mientras Izanami trabajaba, el aire parecía crepitar con intensidad. El proceso fue insoportablemente doloroso, y los gritos y llantos de Izanami llenaron los cielos. Sus lágrimas se transformaron en muchos más kami. A pesar de la agonía de Izanami, Kagutsuchi vino al mundo, resplandeciente con la feroz energía de un dios del fuego recién nacido. Pero las heridas de Izanami eran graves y sucumbió a las quemaduras mortales infligidas durante el parto.

La reacción de Izanagi ante la muerte de su esposa celestial fue de una rabia y desesperación abrumadoras. Enfurecido, desenvainó su espada y, con rápida venganza, cortó a Kagutsuchi en pedazos. De cada fragmento del dios del fuego surgieron más kami, cuyas formas emergieron de los restos humeantes. Sin embargo, la furia de Izanagi se transformó rápidamente en una gran tristeza. Incapaz de soportar la pérdida de su amada Izanami, decidió seguirla al inframundo, conocido en japonés como Yomi.

En el sombrío y premonitorio reino de Yomi, Izanagi buscó a Izanami, decidido a traerla de vuelta. Pero llegó demasiado tarde; Izanami ya había consumido alimentos en el inframundo, lo que la confinó a ese desolado lugar. Izanami, que tenía prohibido regresar al reino de los vivos, escuchó las súplicas desesperadas de Izanagi y accedió a negociar con los dioses del inframundo. Sin embargo, antes de partir, le hizo prometer una cosa: Izanagi debía ser paciente y no intentar verla mientras ella buscaba la forma de regresar al reino de los vivos.

El tiempo pasó, pero para Izanagi transcurrió con una insoportable lentitud. Sin duda, le dolía el corazón de añoranza. Incapaz de esperar más, rompió su promesa y encendió una antorcha para ver a su amada esposa, quizá con la esperanza de que una mirada suya pudiera curar su tristeza. Sin embargo, lo que vio lo invadió el horror y la pesadumbre. La antaño hermosa figura de Izanami era ahora un cadáver en descomposición, asolado por la muerte. La visión de aquel cuerpo putrefacto destrozó el corazón de Izanagi.

Enfurecido por su traición, Izanami invocó a las brujas del infierno para que persiguieran al huidizo Izanagi. Estos demonios, grotescos e implacables, lo persiguieron con fervor. Mientras huía, Izanagi arrojó semillas tras de sí, que crecieron hasta convertirse en vides y otras plantas, enredando a las brujas y ralentizando su persecución. Desesperado por escapar, Izanagi también arrojó melocotones, conocidos en el antiguo Japón por sus poderes místicos, para distraer y ahuyentar a sus perseguidores.

Al llegar por fin al mundo exterior, Izanagi agarró rápidamente una colosal roca y la arrastró para bloquear la entrada a Yomi, sellándola antes de que Izanami pudiera alcanzarlo. Esto, sin embargo, no impidió que Izanami maldijera a su marido por última vez. A través de la barrera, sus voces resonaron en el oscuro enfrentamiento final. Enfurecida y con el corazón roto, Izanami no sólo maldijo al que había sido su amado esposo, sino que juró cobrarse mil vidas cada día como venganza. En respuesta, Izanagi, con el corazón encogido, declaró que se aseguraría de que nacieran 1.500 nuevas vidas cada día. Este intercambio simbolizaba el ciclo perpetuo de la vida y la muerte.

Yomotsu Hirasaka, se cree que es una frontera entre Yomi y el mundo de los vivos '

Tras sellar la entrada al inframundo, Izanagi estaba decidido a deshacerse de las impurezas que había acumulado durante su viaje por Yomi. Viajó hasta el río Woto, donde se dispuso a realizar un ritual de limpieza para purificar su cuerpo y su alma. De pie en las cristalinas aguas, Izanagi comenzó a lavar las impurezas del inframundo.

Mientras se lavaba el ojo izquierdo, surgió la brillante diosa del sol Amaterasu, cuyo resplandor iluminó los cielos. A continuación, Izanagi limpió su ojo derecho, y de él surgió Tsuki-yomi, el dios de la luna, cuya serena luz complementaba el brillo de su hermana. Cuando Izanagi se lavó la nariz, nació Susanoo, el dios de la tormenta, que encarna el feroz e indomable poder de la naturaleza. Además, el dios del viento, Shina-tsu-hiko, surgió del aliento de Izanagi. Estas deidades pronto se convertirían en los principales dioses del sintoísmo, centrales en los aspectos espirituales y culturales de Japón hasta nuestros días.

Pero el nacimiento de los dioses no terminó ahí. Cuando Izanagi se despojó de sus ropas, surgieron doce deidades más, y cada prenda dio vida a un nuevo ser divino.

Shinto

El sintoísmo está profundamente arraigado en la historia, la naturaleza y la cultura del país. A diferencia de muchas religiones organizadas, el sintoísmo no tiene un fundador, una escritura sagrada ni un conjunto fijo de doctrinas. En su lugar, gira en torno al culto de los kami, haciendo hincapié en la relación entre los seres humanos y la naturaleza.

El sintoísmo, que significa "el camino de los dioses", es un sistema de creencias animistas en el que todos los elementos del mundo natural son considerados sagrados. Los kami son vistos como manifestaciones de la esencia divina en todas las cosas, desde las imponentes montañas y los milenarios árboles hasta los ríos y las piedras. Esta creencia fomenta un profundo respeto por la naturaleza y una comprensión de la interconexión de todas las formas de vida.

Sin embargo, las creencias sintoístas van más allá de los kami. Abarcan muchos espíritus y seres sobrenaturales que habitan el mundo natural, cada uno con sus propios rasgos e historias únicos.

Una de esas historias es la del espíritu conocido como Yuki-onna, tan bella como mortal, que encarna la doble naturaleza del invierno. Se cree que Yuki-onna habita en las remotas montañas nevadas de Japón y a menudo se la describe como una figura alta y etérea, con el pelo largo y suelto tan negro como una noche de invierno y la piel tan pálida como la nieve recién caída. Sus ojos, fríos y penetrantes, pueden encantar o aterrorizar a quienes se encuentran con su mirada. Su kimono blanco se funde a la perfección con el paisaje nevado, dándole un aspecto casi fantasmal.

La historia de Yuki-onna varía según las regiones de Japón, pero un tema común es su doble naturaleza, tanto bondadosa como cruel. En algunos relatos, es un espíritu protector que vigila a los viajeros perdidos en la nieve, guiándolos a un lugar seguro u ofreciéndoles una muerte pacífica a aquellos que ya no pueden salvarse. En otros, es un espíritu vengativo que se aprovecha de los que se atreven a invadir sus gélidos dominios, congelándolos con su helado aliento o llevándolos por el mal camino hasta que sucumben al frío.

Representación de Yuki-onna, hacia el año 1700 ⁵

Una de las versiones más conocidas del cuento de Yuki-onna cuenta la historia de un joven leñador llamado Minokichi y su mentor, Mosaku. Una noche de frío glacial, cuando una ventisca arreciaba en el exterior, Minokichi y Mosaku buscaron refugio en una pequeña cabaña abandonada. Agotados, cayeron en un profundo sueño. En medio de la noche, Minokichi se despertó y vio a una mujer de impresionante belleza, vestida de blanco, junto a Mosaku. Su aliento lo dejó helado.

Aterrorizado, Minokichi permaneció inmóvil, observando a la mujer mientras ésta dirigía su mirada hacia él. Ella se acercó, su frío aliento le heló hasta los huesos. Justo cuando estaba a punto de congelarle, se detuvo, cautivada por su juventud y belleza. Le dijo que le perdonaría la vida con la condición de que nunca hablara de lo que había visto. Si rompía esta promesa, ella volvería y le quitaría la vida.

Pasaron los años y Minokichi mantuvo su promesa, sin hablar nunca de aquella fatídica noche. Finalmente conoció y se casó con una hermosa mujer llamada Oyuki, que apareció misteriosamente un día de invierno. Vivieron felices juntos y tuvieron hijos, pero de algún modo, Minokichi siempre sentía un escalofrío en presencia de Oyuki. Una noche, incapaz de contener su secreto por más tiempo, le contó a Oyuki sobre su encuentro con Yuki-onna.

Cuando terminó su historia, la expresión de Oyuki cambió y la calidez se desvaneció de su rostro. Se reveló como Yuki-onna, el mismo espíritu que le había perdonado la vida años atrás. Furiosa, le gritó a Minokichi, recordándole su promesa de quitarle la vida si alguna vez contaba la historia de aquella fatídica noche. Sin embargo, a pesar de su dolor y su rabia, no se atrevía a matarlo delante de sus hijos. Con lágrimas de hielo, desapareció en la noche, no sin antes advertirle a Minokichi por última vez: "Cuida de nuestros hijos o iré a por ti. Y la próxima vez, no vacilaré".

Desde ese momento, Minokichi no volvió a ver a su mujer.

Esta historia de Yuki-onna muestra el delicado equilibrio entre los humanos y la naturaleza en la creencia sintoísta. Destaca el respeto y la reverencia que se debe mostrar a los espíritus que habitan el mundo natural, así como las consecuencias de no honrar estos antiguos lazos.

Los rituales y festivales sintoístas, o matsuri, son aspectos vitales de la cultura japonesa, que sirven para honrar a los kami y mantener la armonía con la naturaleza. El culto en el sintoísmo es diferente al de muchas otras religiones, ya que se centra en rituales y ofrendas más que en la oración. Por ejemplo, la práctica de la purificación es fundamental en el sintoísmo. Conocido como harae, este ritual de limpieza fue realizado por primera vez por Izanagi a su regreso de Yomi.

El harae es una práctica sintoísta esencial para eliminar la contaminación espiritual, conocida como tsumi o kegare. El kegare engloba impurezas como la muerte, la enfermedad, la suciedad y la sangre, mientras que el tsumi se refiere a acciones ilícitas como el crimen, el asesinato o la falta de respeto a los ancianos.

El sintoísmo no predica una ética exhaustiva, ni promete un cielo basado en la recompensa o un infierno basado en el castigo. En cambio, considera que la naturaleza es intrínsecamente buena. La impureza es una anomalía que puede ser corregida o purificada. Por ejemplo, antes de interactuar con un kami en rituales u oraciones, es esencial eliminar las impurezas para garantizar la armonía y el respeto. Casi todos los santuarios sintoístas cuentan con pilas de agua con cucharones de madera para llevar a cabo un ritual de purificación conocido como temizu. Esta práctica consiste en lavarse primero la mano izquierda, luego la derecha y, por último, verter agua en las manos para enjuagarse la boca, simbolizando la purificación tanto interna como externa.

Dos mujeres japonesas practicando temizu [6]

Otra forma de harae es el misogi, que consiste en sumergirse en masas de agua naturales, como el océano o una cascada, para limpiarse y purificarse. El shubatsu, una práctica de purificación con sal, suele practicarse al comienzo de un combate de sumo, cuando se esparce sal por el ring para ahuyentar las impurezas. Además, existe un ritual de purificación con una varita, conocida como haraigushi, que se agita sobre una persona, objeto o terreno. Este ritual suele ser realizado antes de comenzar las obras para purificar el lugar y asegurarse de que sólo traerá buena fortuna.

Los festivales sintoístas, como la celebración del Año Nuevo (Shogatsu), el Festival de las Muñecas (Hinamatsuri) y el Gion Matsuri de Kioto, son ocasiones para honrar a los kami con ofrendas, danzas y oraciones.

Los santuarios, espacios sagrados del sintoísmo, son lugares donde se consagra y venera a los kami. Cada santuario está dedicado a un kami específico, y la gente lo visita para hacer ofrendas, participar en rituales y buscar bendiciones. La arquitectura de los santuarios refleja la armoniosa relación entre el hombre y la naturaleza, con puertas torii que delimitan la transición de lo mundano a lo sagrado.

Una puerta torii [7]

El sintoísmo, con su profunda veneración por la naturaleza y los kami, ofrece una perspectiva única de la espiritualidad. Enfatiza la pureza, el respeto por el mundo natural y la importancia de los rituales para mantener la armonía. Las prácticas y creencias del sintoísmo siguen conformando el paisaje cultural y espiritual de Japón, reflejando una conexión atemporal con las fuerzas divinas que habitan el mundo.

Capítulo 2 - Cuentos sobre los Kami

El término kami suele ser traducido como "dios" o "deidad". Sin embargo, estas traducciones no captan plenamente la esencia de lo que verdaderamente representan los kami. Como hemos visto en el capítulo anterior, en el sintoísmo los kami pueden encarnar una amplia gama de entidades. Pueden ser figuras divinas, como Amaterasu, la diosa del sol, o Hachiman, el dios de la guerra, o fenómenos naturales como montañas, lluvia, terremotos y tormentas. Incluso un árbol solitario puede encarnar el espíritu de un kami, simbolizando la profunda conexión entre la naturaleza y lo divino en la espiritualidad japonesa. En pocas palabras, cualquier cosa en este mundo que evoque una sensación de asombro o admiración puede ser considerada un kami.

Un ejemplo de esta enorme reverencia por la naturaleza es el alcanforero sagrado de la estación de Kayashima. Este árbol ha permanecido en pie durante más de siete siglos, siendo testigo de la larga historia de Japón. La estación de tren, por su parte, fue inaugurada en 1910 y originalmente era bastante pequeña y sencilla. Sesenta años después, la región experimentó un rápido crecimiento demográfico. El hacinamiento pronto se convirtió en un problema acuciante, y en la década de 1970 se formularon planes de ampliación. Por supuesto, estos planes incluían la eliminación del antiguo alcanforero.

La decisión de talarlo no se tomó a la ligera. Rápidamente provocó un gran revuelo entre los habitantes de la zona. Pronto empezaron a circular historias sobre la ira de cierto espíritu que residía en el árbol y las diversas desgracias que recaerían sobre cualquiera que intentara dañarlo. Cuenta la leyenda que un obrero que cortó una rama del vetusto árbol sufrió casi de inmediato una alta fiebre. Otro rumor hablaba de una serpiente blanca, que los japoneses suelen considerar un presagio, enroscada alrededor del árbol. Otros afirmaban haber visto humo saliendo de él, como si el árbol estuviera expresando su disgusto.

La estación de Kayashima en la actualidad, con el árbol sagrado en el centro *

Ante estos siniestros presagios y la creciente oposición de la comunidad, los responsables de la estación reconsideraron sus planes. En lugar de retirar el árbol, decidieron incorporarlo al diseño de la nueva estación. La construcción empezó en 1973 y terminó en 1980. Hoy, el alcanforero se alza orgulloso en medio de la estación de Kayashima. Incluso cuenta con un pequeño santuario en su base, para que los viajeros puedan presentarle sus respetos en su vida cotidiana.

El kami del cabello

Con el mismo espíritu de veneración por la naturaleza y lo divino, la creencia sintoísta se extiende incluso a los aspectos más personales de la vida humana, como el cabello. El kami asociado al cabello, conocido como Kamigami, es venerado por su influencia sobre esta parte del cuerpo humano. Curiosamente, el único santuario dedicado a este singular kami se conoce como Mikami Jinja y se encuentra en Kioto. En este santuario, la gente acude a rezar por diversas cuestiones relacionadas con el cabello, en particular en busca de ayuda contra la calvicie u otros problemas capilares. Se cree que honrando a Kamigami se pueden recibir bendiciones que mejoren la salud y vitalidad del cabello.

Sin embargo, a diferencia de muchos otros kami, los antecedentes de Kamigami no son tan extensos. Kamigami tiene sus raíces en la vida de un hombre llamado Masayuki Fujiwara, que vivió hace muchos siglos. Conocido por sus excepcionales habilidades como peluquero, Masayuki se hizo famoso por su capacidad para transformar y realzar la belleza de sus clientes a través de sus meticulosos y artísticos cortes de pelo. Su reputación se extendió por todas partes, y no sólo fue reconocido por sus habilidades técnicas, sino también por su comprensión del significado profundo del cabello en la cultura japonesa.

Tras su muerte, Masayuki Fujiwara fue venerado por su contribución al arte de la peluquería. Su espíritu fue consagrado en Mikami Jinja, y se convirtió en el kami del cabello.

El kami del arroz

El arroz ha ocupado durante mucho tiempo un lugar de inmensa importancia en Japón, sirviendo tanto de alimento básico como de símbolo de vida y prosperidad. Desde la antigüedad hasta nuestros días, el cultivo del arroz ha sido fundamental para la sociedad y la cultura japonesas. En Japón, la historia del arroz se remonta a miles de años atrás, con indicios de su cultivo alrededor del año 300 a. C. El arroz no era sólo un alimento básico en la dieta, sino también una medida de riqueza y una forma de moneda, que influyó en las estructuras sociales y económicas del Japón primitivo.

El kami del arroz, Inari, se convirtió en una de las deidades más veneradas del folclore japonés. Su importancia va más allá de la agricultura. En el Japón primitivo, Inari era también la patrona de los espaderos y comerciantes. Los orígenes del culto a Inari se remontan a la fundación del santuario de la montaña Inari en el año 711 d. C., aunque algunos estudiosos sugieren que la veneración a Inari comenzó ya a finales del siglo V.

Una de las leyendas más perdurables asociadas a Inari habla de una época de gran hambruna en la que descendió del Cielo para ayudar al pueblo japonés. Montada en un zorro blanco, Inari trajo consigo gavillas de cereales. A su llegada, los pantanos y las tierras anegadas del antiguo Japón comenzaron a producir una nueva cosecha, que con el tiempo se conocería como arroz. Esta milagrosa intervención alivió la hambruna y cimentó el estatus de Inari como benefactora del pueblo japonés.

Las representaciones de Inari son tan diversas como las creencias de sus seguidores. A menudo se la representa bajo tres formas principales: una joven diosa de la comida, un anciano que lleva gavillas de arroz y un bodhisattva andrógino del budismo japonés. Esta flexibilidad en la representación hace de Inari una deidad profundamente personal y accesible. Inari también está estrechamente asociada con los zorros, o kitsune, considerados sus mensajeros. Se cree que estos zorros mágicos tienen la capacidad de cambiar de forma y pueden aparecer bajo diversas formas, como dragones, serpientes e incluso arañas gigantes.

Una intrigante historia habla de un hombre malvado al que Inari le dio una lección transformándose en una araña gigante. Esta forma pretendía infundir miedo y transmitir la importancia de la humildad y el respeto.

Los símbolos asociados a Inari son variados, siendo el zorro el más destacado. Las estatuas del zorro, a menudo adornadas con yodarekake (baberos votivos) rojos, se encuentran habitualmente en los santuarios Inari, simbolizando el papel de estos animales como mensajeros. Estas estatuas suelen ser parejas, representando al macho y la hembra, y sostienen diversos objetos simbólicos en la boca o bajo las patas, como joyas, llaves, gavillas de arroz, pergaminos o cachorros de zorro.

Una estatua de kitsune que lleva un yodarekake rojo [9]

Los santuarios Inari son característicos, marcados por las emblemáticas puertas torii rojas que significan la entrada a un espacio sagrado. Estas torii, junto con partes de los edificios de los santuarios, están pintadas de un rojo brillante, color asociado en el sintoísmo con la protección contra la enfermedad y la desgracia.

El santuario principal de Inari, conocido como Fushimi Inari Taisha, se encuentra en Fushimi, Kioto. Es el santuario de Inari más grande e importante de Japón, y cuenta con unas 10.000 puertas torii que conducen al edificio principal del santuario en Inariyama. Este camino de puertas, conocido como Senbon Torii, crea un fascinante túnel rojo que guía a los fieles en un viaje espiritual montaña arriba.

Las miles de puertas torii de Fushimi Inari Taisha [10]

Inari también es venerada en el budismo japonés, donde a menudo se la representa como mujer o andrógina y se la denomina Dakiniten. En esta forma, se la representa como un bodhisattva y cabalga sobre un zorro blanco volador. Esta mezcla de tradiciones sintoístas y budistas pone de relieve el importante papel de Inari en la vida espiritual japonesa.

Raijin, el kami del trueno

Raijin es un espíritu dual, que encarna tanto el poder destructivo de las tormentas como la lluvia indispensable para la agricultura. Su dualidad es esencial en su naturaleza. Aunque sus tormentas pueden causar estragos, también traen la lluvia que nutre los cultivos y sustenta la vida. Este carácter complejo convierte a Raijin en una figura significativa y polifacética de la mitología japonesa.

La historia del nacimiento de Raijin comienza con Izanami, la diosa que murió y descendió a Yomi, el inframundo. Cuando Izanagi, su marido, se aventuró en Yomi para traerla de vuelta, presenció una escena espeluznante. Izanami, ahora un cadáver en descomposición, había dado a luz a ocho deidades del trueno de diferentes partes de su cuerpo. Estos ocho kami del trueno representaban diversos tipos de trueno: Gran Trueno de su cabeza, Trueno de Fuego de su pecho, Trueno Negro de su estómago, Trueno Floreciente de su vientre, Trueno Joven de su mano izquierda, Trueno de Tierra de su mano derecha, Trueno Retumbante de su pie izquierdo y Trueno Couchant de su pie derecho. Juntas, estas ocho manifestaciones forman Raijin, el dios del trueno y las tormentas. Izanami le ordenó a Raijin que persiguiera a Izanagi fuera de Yomi cuando este rompió su promesa de no mirar su cuerpo en descomposición.

El aspecto de Raijin refleja su temible naturaleza. En un país azotado a menudo por fuertes tormentas, no es de extrañar que Raijin sea representado como una amenaza. Su pelo de punta, salvaje y que desafía a la gravedad, refleja el caos de una tormenta, mientras que sus fieros ojos y afilados dientes aumentan su intimidante presencia. A menudo, Raijin aparece con tres dedos en cada mano, que representan el pasado, el presente y el futuro. A diferencia de muchas otras deidades japonesas, que visten túnicas, Raijin suele aparecer con el torso desnudo, lo que acentúa su poder. Su aspecto es tan formidable que quienes no están familiarizados con el mito japonés a veces lo confunden con un oni, los temibles ogros del folclore japonés.

Raijin también es frecuentemente representado con un halo alrededor de su cuerpo, adornado con símbolos del taoísmo, el budismo y el sintoísmo, lo que indica su amplia influencia en diferentes tradiciones espirituales. Este halo lo distingue de otras deidades y destaca su papel único en la mitología japonesa.

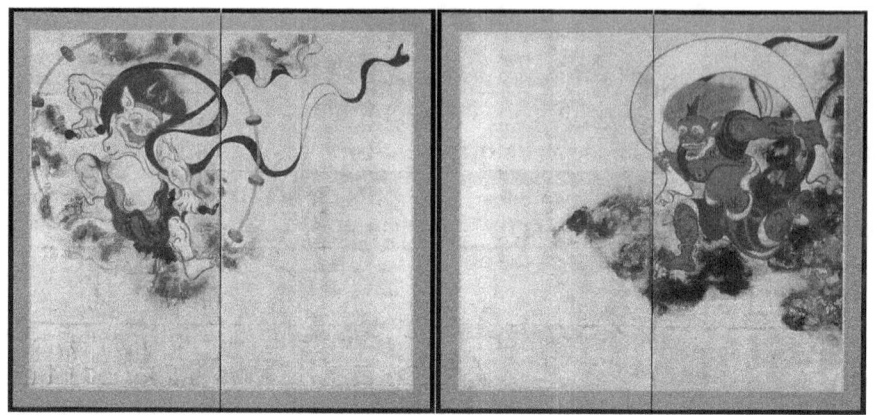

Pantallas plegables con Raijin (izquierda) y el dios del viento, Fujin (derecha) [11]

Raijin suele aparecer blandiendo martillos y tambores, instrumentos con los que crea el trueno. Su compañero suele ser Fujin, el dios del viento, que también controla el clima. En ocasiones, Raijin también aparece con Raiju, una bestia hecha de relámpagos que puede adoptar diversas formas animales, especialmente la de un perro o un lobo. A pesar de su potencial destructivo, la capacidad de Raijin para traer la lluvia es crucial para la agricultura. Sin él, la sequía devastaría la tierra. Esta dualidad de destrucción y nutrición explica por qué también se lo considera protector de santuarios y templos. De hecho, la caída de un rayo sobre un cultivo se consideraba históricamente señal de una cosecha abundante, gracias a las bendiciones de Raijin.

Raijin ocupa un destacado lugar en numerosos mitos, muchos de los cuales se remontan a siglos atrás. Un cuento especialmente aterrador les advierte a los niños que se cubran el ombligo durante las tormentas, no sea que Raijin los devore. Es probable que este mito se deba a la creencia de que Raijin, nacido de fuerzas sobrenaturales, envidia a los humanos nacidos de forma natural y codicia sus ombligos.

La leyenda más importante que envuelve a Raijin es su papel en la protección de Japón de las invasiones mongolas en el siglo XIII. Esta historia parece una fantasía mítica. Kublai Khan, el emperador mongol, ya había conquistado gran parte de Asia Oriental y puso sus ojos en Japón. En noviembre de 1274, la flota mongola se acercó a las costas japonesas, dispuesta a invadirlas. Sin embargo, cuando la flota se acercaba, de repente se desató una tormenta nocturna que hizo retroceder a los barcos mongoles mar adentro y diezmó a más de la mitad de sus orgullosas fuerzas. Esta inesperada tormenta les dio a los japoneses un tiempo muy necesario para reforzar sus defensas.

Cinco años después, en 1281, los mongoles intentaron otra invasión con una flota aún mayor. Pero, al acercarse a la costa japonesa, sus ojos se llenaron inmediatamente de horror cuando un poderoso tifón, conocido como kamikaze o "viento divino", arrasó el país, destruyendo casi toda la flota mongola. Esta milagrosa tormenta les fue atribuida a Raijin y Fujin, que fueron aclamados como los protectores de Japón. Se consideraba que estos temporales divinos eran manifestaciones de la intervención de los kami, que salvaban a Japón de la conquista extranjera y reforzaban la creencia en sus poderes protectores.

Las historias de Raijin no se limitan a sus actos heroicos. En una de ellas, Raijin causó una destrucción generalizada con sus tormentas. Los implacables truenos y relámpagos trajeron el caos y el sufrimiento a la tierra, lo que llevó al emperador a tomar medidas decisivas. El emperador llamó a Sugaru, un famoso cazador de dioses, para que encarcelara a Raijin y restaurara la paz.

Sugaru, conocido por su astucia y valentía, se acercó a Raijin con una petición, invocando la autoridad del emperador. Le pidió a Raijin que se entregara voluntariamente y cesara la tormenta. Raijin, con su estilo desafiante y travieso, respondió con una estruendosa carcajada, desestimando la súplica de Sugaru. Sin dejarse intimidar por las burlas de Raijin, Sugaru se dirigió a Kannon, el bodhisattva de la misericordia.

Kannon, conmovida por el sufrimiento causado por las tormentas de Raijin, intervino en favor de Sugaru. Le ordenó a Raijin que se sometiera a la petición de Sugaru. A regañadientes, Raijin obedeció la orden de Kannon. Con Raijin ya sometido, Kannon lo entregó a Sugaru, que lo ató en un saco y lo llevó ante el emperador.

Bajo el control de Sugaru y el emperador, Raijin se vio obligado a cesar su comportamiento destructivo. Las tormentas caóticas que habían asolado la tierra se transformaron en lluvias portadoras de vida. La nueva moderación de Raijin trajo prosperidad y generosidad a Japón, asegurando que sus tormentas nutrieran las cosechas en lugar de destruirlas.

Las historias de Raijin también se extienden a sus interacciones con otras deidades y su influencia en los asuntos humanos. Por ejemplo, en el templo Sanjusangendo y en el templo Taiyuin Rinnoji, Raijin es honrado junto a su hermano Fujin. En la puerta Kaminarimon del templo Sensoji, Raijin y Fujin montan guardia, sus estatuas son de madera con laca, láminas de oro, pintura y ojos de cristal incrustados.

Estas esculturas son consideradas tesoros nacionales y simbolizan el poder protector de estos kami.

En el templo Taiyuin Rinnoji, Raijin y Fujin están representados en la puerta Niten-mon, con Raijin sosteniendo sus icónicos tambores y Fujin su bolsa de viento. Estas estatuas, elaboradas con meticuloso detalle, sirven para recordar la presencia de los kami y su papel en la salvaguarda de los templos.

La presencia de Raijin en la mitología y las prácticas religiosas japonesas pone de relieve la compleja relación entre los humanos y el mundo natural. Su capacidad para traer tanto la destrucción como la lluvia vivificante le convierte en un símbolo de la dualidad de la naturaleza, respetado y venerado en todo Japón. A través de sus historias y representaciones, Raijin sigue encarnando las poderosas e impredecibles fuerzas de la naturaleza, ilustrando el delicado equilibrio entre caos y orden, destrucción y creación.

Amaterasu, la kami más importante del sintoísmo

Amaterasu, acompañada de Izanagi e Izanami a la derecha [19]

Amaterasu, la diosa del sol, es la kami más prominente y venerada del sintoísmo. Ocupa un lugar central tanto en el sintoísmo como en el budismo japonés y simboliza la luz, la pureza y el orden. Como diosa del sol, se cree que Amaterasu ilumina todas las cosas, aportando alimento para que la vida florezca y marcando el paso del tiempo del día a la noche.

En el sintoísmo, el sol representa el orden y la pureza, dos de los conceptos fundamentales de la fe. El movimiento ordenado del sol por el cielo, desde el amanecer hasta el ocaso, refleja la naturaleza estructurada y armoniosa del universo. Amaterasu, como encarnación del sol, mantiene este orden cósmico, asegurando que todas las cosas de la creación, desde los cielos hasta los habitantes de los Jigoku (infiernos), sigan una jerarquía divina. Este sentido del orden se ve reflejado en la sociedad japonesa, donde la armonía social y el respeto por la jerarquía son valores profundamente arraigados.

El papel primordial de Amaterasu como diosa del sol también la convierte en proveedora de vida. Su luz disipa la oscuridad y alimenta el crecimiento de todos los seres vivos. Como tal, se la venera por su energía vital, que sustenta el mundo natural y a los humanos.

En el budismo japonés, Amaterasu se incorpora a menudo al panteón de deidades, simbolizando la iluminación y el ojo de la sabiduría que todo lo ve. Aunque mantiene su identidad como diosa sintoísta, sus atributos se integran armoniosamente en las prácticas budistas, reflejando la naturaleza sincrética de la religión japonesa.

Amaterasu es representada como una figura radiante y majestuosa. Suele aparecer con una larga cabellera y vestida con los tradicionales atuendos reales. En algunas representaciones, sostiene un espejo, símbolo de autorreflexión y verdad. Su resplandor divino se ilustra a menudo con un halo o rayos de luz que emanan de ella, enfatizando su papel como fuente de iluminación y pureza.

La tumultuosa relación de Amaterasu con su hermano Susanoo, el dios de la tormenta, es fundamental en la historia de la diosa. El comportamiento imprudente y destructivo de Susanoo a menudo provocaba el caos y el desorden, lo que contrastaba con la encarnación del orden y la luz de Amaterasu. Esta rivalidad entre hermanos alcanzó su clímax en un famoso cuento que subraya la importancia de Amaterasu y el impacto de su aislamiento del mundo.

La popular historia comienza con otro episodio de las travesuras de Susanoo. En un arrebato de ira, Susanoo surcó los cielos, destruyendo campos de arroz, profanando la sagrada sala de tejido de Amaterasu y asustando a sus ayudantes. Llegó incluso a arrojar un caballo desollado por el tejado de la sala, provocando la muerte de una de las tejedoras de Amaterasu.

Desconsolada y furiosa, Amaterasu decidió retirarse del mundo. Se retiró a una cueva llamada Ama-no-Iwato, sellando la entrada con una enorme roca. Cuando la diosa del sol se escondió, el mundo quedó sumido en la oscuridad. Sin su luz, las cosechas se echaron a perder, el frío invadió la tierra y se desató el caos. La ausencia del sol causó un inmenso sufrimiento tanto a los dioses como a los humanos.

Desesperados por devolver la luz al mundo, los demás dioses convocaron un consejo para idear un plan con el que atraer a Amaterasu fuera de la cueva. Se reunieron fuera de la cueva y llevaron a cabo una serie de rituales para hacerla salir. En el centro de sus esfuerzos había una gran celebración diseñada para atraer la atención y la curiosidad de Amaterasu.

En primer lugar, colocaron un gran espejo en un árbol justo a la entrada de la cueva. Este espejo, conocido como Yata-no-Kagami, debía reflejar la luz y simbolizar el brillo de Amaterasu. A continuación, colgaban hermosas joyas y otros tesoros alrededor de la zona, creando una escena de deslumbrante belleza. Luego, la diosa de la alegría, Ame-no-Uzume, ocupó el centro del escenario. Volcó una gran cubeta y comenzó a bailar sobre ella, zapateando rítmicamente y creando un poderoso compás. Su baile era salvaje y desinhibido, lleno de alegre desenfreno. Mientras bailaba, Ame-no-Uzume empezó a desvestirse, provocando las carcajadas y vítores de los demás dioses.

Amaterasu, saliendo de la cueva.[18]

Al oír el alboroto y las risas fuera, a Amaterasu le picó la curiosidad. *¿Cómo podían los demás reír y alegrarse mientras ella estaba ausente?* pensó Amaterasu. Así que, incapaz de resistirse, se asomó a la cueva para ver qué ocurría. Cuando lo hizo, quedó inmediatamente cautivada por el reflejo de su radiante belleza en el espejo y la alegre escena que tenía ante ella. Los demás dioses aprovecharon el momento. La fuerte deidad Ame-no-Tajikarao, que había estado esperando escondida, apartó rápidamente la roca que bloqueaba la entrada, permitiéndole a Amaterasu salir por completo.

Cuando Amaterasu emergió, su luz volvió a bañar el mundo de calidez y brillo. La oscuridad desapareció y la vida volvió a florecer. Para asegurarse de que no volviera a producirse una crisis semejante, los dioses idearon medidas para mantener a raya a Susanoo y, finalmente, lo desterraron de los cielos.

Esta leyenda sobre el retiro y regreso de Amaterasu de la cueva pone de relieve su importancia como diosa del sol. Subraya el equilibrio entre la luz y la oscuridad y la armonía que debe mantenerse para que la vida prospere. A través de este cuento, la devoción por Amaterasu y su papel central en el cosmos quedan bellamente ilustrados, ya que evoca el delicado equilibrio que sustenta el mundo.

De hecho, la importancia de Amaterasu no se limita a la mitología; su papel también está íntimamente ligado a la tradición imperial japonesa. Según la tradición, el primer emperador de Japón, el emperador Jimmu, era descendiente directo de Amaterasu. Esta ascendencia divina estableció la autoridad de la familia imperial y reforzó su estatus sagrado.

La conexión entre Amaterasu y la familia imperial está simbolizada por la Regalia Imperial de Japón, que incluye tres tesoros sagrados: la espada Kusanagi no Tsurugi, la joya Yasakani no Magatama y el espejo Yata no Kagami. El espejo, que desempeñó un papel crucial para atraer a Amaterasu fuera de la cueva, es especialmente significativo. Simboliza la sabiduría y la honestidad, y refleja la radiante pureza de Amaterasu y el poder iluminador del sol.

El Gran Santuario de Ise, o Ise Jingu, es el santuario más importante dedicado a Amaterasu. Situado en la prefectura de Mie, es considerado el corazón espiritual del sintoísmo y el principal lugar de culto a la diosa del sol. El complejo del santuario consta de dos santuarios principales: el Santuario Interior (Naiku), dedicado a Amaterasu, y el Santuario Exterior (Geku), dedicado a Toyouke Omikami, diosa de la agricultura y la industria.

Gran Santuario de Ise [14]

Ise Jingu es famoso por su singular estilo arquitectónico, conocido como shinmei-zukuri, caracterizado por la sencillez y los materiales naturales. El Santuario Interior alberga el espejo sagrado, Yata no Kagami, que según se dice fue obsequiado al primer emperador por la propia Amaterasu. Este espejo está consagrado en la parte más sagrada del Santuario Interior, donde sólo pueden entrar los sacerdotes de más alto rango y el emperador.

Curiosamente, el santuario es reconstruido cada veinte años en un ritual conocido como Shikinen Sengu, una tradición que se ha mantenido durante más de un milenio. Esta práctica simboliza la renovación y la perennidad de todas las cosas, reflejando los ciclos de la naturaleza que Amaterasu supervisa. El antiguo santuario se desmantela y se construye uno nuevo en un lugar adyacente con materiales renovados. Este proceso implica el traslado de los objetos sagrados al nuevo santuario en una ceremonia solemne y elaborada.

Las celebraciones y rituales dedicados a Amaterasu son parte integral de la cultura japonesa. Una de las fiestas más significativas es la celebración anual del Año Nuevo, durante la cual se reza por un año próspero y saludable. Los sacerdotes del santuario ofrecen plegarias y realizan rituales para honrar a Amaterasu y pedir sus bendiciones para el año venidero.

Otro festival importante es el Kannamesai, que se celebra cada octubre, y consiste en una fiesta de la cosecha en cual que se ofrecen a Amaterasu los primeros frutos de la temporada. Este festival refleja el papel de la diosa como proveedora de alimento y sustento, enfatizando la gratitud de la gente por las bendiciones de la cosecha.

En Ise Jingu y otros santuarios se celebran las Mikagura-uta, o danzas sagradas, en honor a Amaterasu. Se cree que estas danzas, acompañadas de música tradicional, complacen a la diosa y aseguran su continuo favor. Los rituales y ceremonias dedicados a Amaterasu no son sólo actos de culto, sino también expresiones de identidad cultural, que vinculan al pueblo con su herencia divina y el mundo natural.

Capítulo 3 - El Espíritu Samurái

Era otro día normal en el antiguo Japón. A un lado de la aldea, los granjeros trabajaban duro en sus cosechas. En el otro, un solitario samurái practicaba la esgrima en un tranquilo jardín. La niebla matutina cubría el suelo y los primeros rayos del sol se reflejaban en la reluciente hoja de su katana. Los movimientos del samurái eran deliberados y precisos, y cada golpe de espada reflejaba la disciplina y el honor que definían su propia existencia.

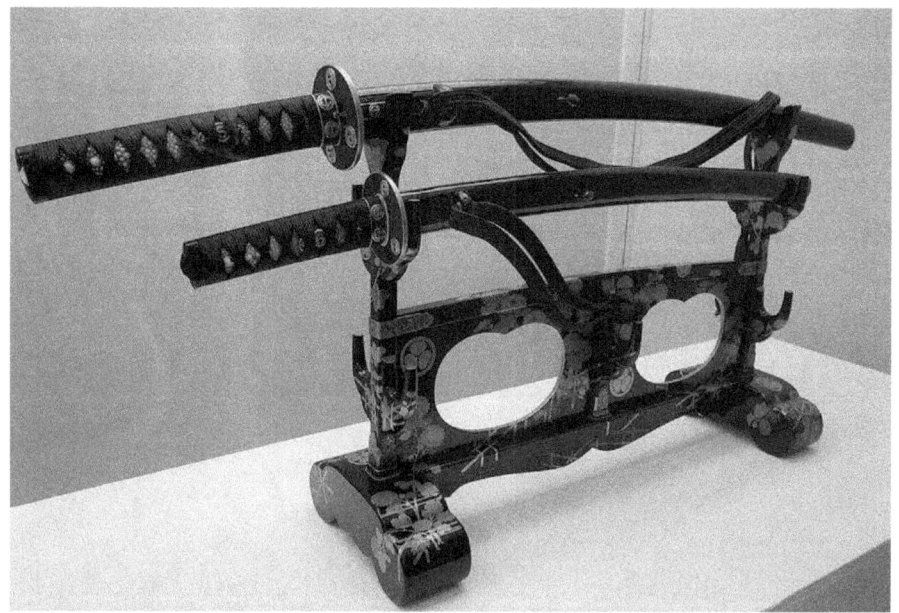

El daishō (conjunto de katanas a juego) propiedad del clan Uesugi a finales del periodo Edo [15]

La katana, con su hoja elegantemente curvada y su afilado filo, era algo más que un arma para los samuráis. Era un símbolo de honor, estatus social y conexión espiritual con el código del bushido, el camino del guerrero. El código samurái era una filosofía que moldeaba la vida de estos guerreros. Les exigía mantener un estricto código moral, valorando la lealtad a su señor y la valentía en la batalla por encima de todo. Los samurái debían mantener meticulosamente su katana, pulirla y afilarla con regularidad para que estuviera siempre en perfectas condiciones. Este cuidado ritual de su arma no era sólo funcional, sino que reflejaba su disciplina interior y la reverencia que sentían por su papel de guerreros. La katana, a menudo conocida como el alma del samurái, encarnaba el espíritu del bushido. Su brillante superficie simbolizaba la pureza y la precisión, mientras que su letal filo le recordaba al samurái su deber de proteger su honor y el de su señor.

Los orígenes de los samuráis se remontan al antiguo Japón, donde surgieron como una clase diferenciada de guerreros durante el periodo Heian (794-1185). El propio término "samurái" significa "el que sirve" y en un principio fue utilizado para describir a los criados armados de la nobleza. Se cree que los primeros samurái fueron los bushi, o aristócratas guerreros, que protegían las propiedades de sus señores de bandidos y clanes rivales. Con el tiempo, pasaron de ser meros protectores a convertirse en la clase militar de élite que dominaba la sociedad japonesa.

Samuráis con armadura[16]

Los samuráis desempeñaron un importante papel en la historia de Japón, sirviendo como columna vertebral militar de los diversos señores feudales y shogunes que gobernaron el país. No sólo eran guerreros, sino también administradores y burócratas, que garantizaban el buen funcionamiento de sus dominios. Los samuráis iban a la guerra ataviados con elaboradas armaduras y blandían sus katanas con una mortal precisión. Luchaban a caballo y a pie, empleando diversas técnicas marciales perfeccionadas durante años de riguroso entrenamiento.

Un elemento central de la identidad samurái era su adhesión al shogunato, el gobierno militar que gobernó Japón desde finales del siglo XII hasta mediados del XIX. El shogunato estaba dirigido por el shogun, un poderoso líder militar que contaba con la lealtad de los samuráis. A cambio de su servicio, los samuráis recibían tierras y estatus, lo que consolidaba su posición en la jerarquía social.

Por supuesto, el honor era primordial en la cultura samurái, y la máxima expresión de ello era la práctica del seppuku, o harakiri. Este ritual suicida se realizaba para restaurar el honor de un samurái caído en desgracia o demostrar lealtad a su señor. En el seppuku, el samurái se destripaba a sí mismo con su propia espada, a menudo seguido de la decapitación por parte de un ayudante de confianza.

Un samurái era muy respetado por los japoneses, de forma parecida a como los europeos tenían en alta estima a sus caballeros. Convertirse en samurái no era nada fácil. Su camino era bastante peligroso y estaba plagado de formidables enemigos a diestra y siniestra.

Miyamoto Musashi fue uno de los samuráis más venerados de Japón, y su historia perduró a través de los tiempos.

La historia de Miyamoto Musashi

Miyamoto Musashi fue un maestro espadachín y una figura muy intrigante. No era raro que los samurái adoptaran diferentes nombres a lo largo de su vida, reflejando su estatus e identidad cambiantes. El propio Musashi fue conocido inicialmente como Bennosuke. Sin embargo, a medida que su reputación crecía y maduraba, pasó a ser conocido formalmente como Miyamoto Musashi Genshin. Se cree que el nombre "Miyamoto" hace referencia a la aldea en la que nació, lo que añade una capa de misterio y respeto a su persona.

Los primeros años de Musashi son objeto de debate. Varias teorías sugieren que nació en las provincias de Harima o Mimasaka entre los años 1582 y 1584. La cuestión de si el padre biológico de Musashi era un samurái añade otra capa de misterio a sus orígenes. A pesar de estas incertidumbres, lo que está claro es que Musashi fue adoptado y desde muy joven mostró un talento excepcional. Su padre adoptivo, Shinmen Munisai, era un valiente guerrero por derecho propio y se encargó de entrenar al joven Musashi en el manejo de la espada.

La relación de Musashi con Munisai fue turbulenta, marcada por frecuentes discusiones y choques de voluntades. La intensidad de sus conflictos creció con los años y, finalmente, Musashi fue desterrado. Esta expulsión podría haber quebrantado un espíritu menos fuerte, pero Musashi era decidido. Decidido a demostrar su valor, emprendió un viaje que definiría su legado. La primera prueba significativa de las habilidades de Musashi llegó en forma de duelo a la tierna edad de trece años. Se enfrentó a Arima Kihei, un samurái de la escuela de espada Shinto Ryu. Kihei era conocido por su arrogancia y sus ganas de luchar, aunque no era especialmente hábil. A pesar de ello, desafiar a un samurái era una osadía, especialmente para alguien tan joven como Musashi.

El duelo estuvo a punto de ser suspendido debido a la juventud de Musashi, pero su determinación no se dejó vencer. El día del duelo, Musashi cargó contra Kihei con una determinación que no se correspondía con su edad. Armado con un largo bastón, desvió hábilmente la espada de Kihei, derribándolo al suelo. Musashi continuó su ataque, golpeando repetidamente la cabeza de Kihei -entre catorce y quince veces- hasta que el suelo quedó manchado de sangre y Kihei sin vida.

Esta brutal victoria fue un momento decisivo para Musashi, ya que demostró no sólo su talento en bruto, sino también su espíritu casi divino. Este fue solo el comienzo de un viaje en el que alcanzaría un estatus legendario, encarnando la esencia misma del código samurái.

A partir de ese momento, Musashi se embarcó en el musha shugyō, un peregrinaje samurái en el que el guerrero vagaba por la tierra, practicando y perfeccionando sus habilidades sin la protección de su familia o su escuela. Este viaje, parecido al Youxia chino o a la caballería-errancia europea, no solo era una prueba de habilidad, sino también una forma de ganarse una reputación. Durante estos primeros años, hasta 1600, se dice que Musashi luchó y venció a numerosos oponentes, y cada duelo aumentaba su leyenda. A los dieciséis años, Musashi se reunió con su padre adoptivo.

Existe la creencia popular de que Musashi participó en la Gran Batalla de Sekigahara, un conflicto crucial que determinó el futuro de Japón. Aunque esto sigue siendo especulativo, durante este periodo, Musashi y Munisai sirvieron a un Daimyo alineado con Tokugawa Ieyasu, el primer shogun del shogunato Tokugawa. Lucharon en las campañas del ejército oriental en la isla de Kyushu, lo que supuso para Musashi su primer contacto real con la guerra.

Cuando terminó el conflicto de Sekigahara, Musashi volvió a centrarse en la esgrima. Viajó a Kioto, donde buscó y desafió a muchos de los espadachines más hábiles de Japón. Fue durante esta época, a la edad de veintiún años, cuando participó en sus famosos duelos contra la escuela de esgrima de Yoshioka, la escuela oficial de esgrima del shogun.

Los enfrentamientos con la escuela Yoshioka fueron momentos cruciales en la vida de Musashi. Primero derrotó a Seijuro Yoshioka, el jefe de la escuela, en un duelo muy esperado. Poco después, se enfrentó al hermano menor de Seijuro, Denshichiro, y salió victorioso una vez más. La escuela Yoshioka, humillada y desesperada por vengarse, le tendió una emboscada a Musashi. Sin inmutarse, Musashi se enfrentó a la emboscada con notable habilidad y compostura, derrotando a un número significativo de atacantes. Esta serie de victorias marcó la caída de la casa Yoshioka y consolidó el legendario estatus de Musashi.

En 1605, Musashi fundó su propia escuela de esgrima, inicialmente llamada Enmei-ryu. Por aquel entonces, también comenzó a escribir una de sus primeras obras sobre esgrima, el Heidokyo, que seguiría perfeccionando a lo largo de su juventud. Este periodo se caracterizó por un intenso aprendizaje y enseñanza, durante el cual las técnicas y filosofías de Musashi comenzaron a difundirse, dejando un impacto duradero en las tradiciones marciales de Japón.

El viaje de Musashi por Japón no terminó ahí; continuó recorriendo el país, participando en numerosos duelos legendarios que cimentaron aún más su reputación. Entre sus oponentes más notables se encontraban los monjes guerreros del templo de Hozoin, famosos por su dominio del Sojutsu (técnica de la lanza). Los monjes de Hozoin eran formidables adversarios, cuyas habilidades se habían perfeccionado gracias a un riguroso entrenamiento y a la disciplina espiritual. Los encuentros de Musashi con estos monjes pusieron a prueba su adaptabilidad e ingenio.

Otro duelo importante fue contra Muso Gonnosuke, el fundador de Jojutsu Shindo Muso Ryu (técnicas con bastón). Se dice que Gonnosuke, maestro del bastón bo, fue uno de los pocos que logró desafiar a Musashi y sobrevivir. Según la leyenda, tras una derrota inicial, Gonnosuke desarrolló una técnica de bastón más corta, que le permitía una mayor maniobrabilidad y versatilidad.

Musashi también se enfrentó a Shishido Baiken, un especialista en la kusarigama, un arma consistente en una hoz unida a una cadena con un pesado peso de hierro en el extremo. Esta arma requería una mezcla única de técnicas ofensivas y defensivas, combinando el alcance de la cadena con la letalidad de la hoz. La victoria de Musashi sobre Baiken demostró aún más su incomparable habilidad como espadachín.

A pesar de la diversidad de sus oponentes y de los desafíos que planteaban, Musashi nunca perdió un duelo. Cada victoria aumentaba su leyenda y consolidaba su estatus como uno de los mejores espadachines de su época.

Entre los muchos duelos de Musashi, el más legendario fue su enfrentamiento con Sasaki Kojiro, que tuvo lugar en Ganryū-jima, una isla entre Honshū y Kyūshū, en algún momento alrededor de 1612. Sasaki Kojiro, también conocido como el Demonio de las Provincias Occidentales, fue el fundador de la escuela Ganryu y un samurái de inmensa habilidad y renombre. Conocido por su uso de la nodachi, una espada extralarga, las técnicas y proezas de Kojiro eran temidas y respetadas en todo Japón. A diferencia de Musashi, que desarrolló su propio estilo a través de la experiencia práctica, Kojiro siguió un largo y prestigioso linaje. Estudió con el maestro Toda Seigen, de la escuela Chujo Ryu, y con Kenemaki Jisai, discípulo del famoso maestro de la espada Itto Itosai, fundador de la escuela Itto Ryu, uno de los estilos de esgrima más importantes de la historia. En pocas palabras, Kojiro era un rival desafiante.

El duelo entre Musashi y Kojiro es sin duda uno de los más famosos de la historia de Japón. En primer lugar, Musashi llegó deliberadamente tarde para desestabilizar a su oponente. Hizo esperar a Kojiro en la playa durante un par de horas más de lo previsto. Cuando Musashi por fin llegó, se mostró tranquilo y confiado, portando un bokken de madera que había fabricado con un remo durante su viaje en barco hasta la isla. Este bokken era más largo que una típica espada de madera, diseñado específicamente para contrarrestar la nodachi de Kojiro.

El duelo comenzó inmediatamente después de la llegada de Musashi. Con una intensa concentración, Musashi se movió para golpear con un único y decisivo movimiento. Era muy consciente de la preferencia de Kojiro por utilizar el largo alcance de su espada en su beneficio. El bokken más largo de Musashi le permitía mantener la distancia mientras asestaba un poderoso golpe. Cuando Kojiro blandió su nodachi, Musashi desvió el ataque y golpeó a Kojiro con precisión, aturdiéndolo. Kojiro también asestó un golpe de refilón en la frente de Musashi, pero por desgracia para Kojiro, el golpe no fue mortal.

Representación del duelo entre Musashi (izquierda) y Kojiro (derecha) [17]

El combate fue rápido e intenso. Tras el intercambio inicial, Kojiro intentó un último y desesperado golpe desde el suelo, apuntando a las piernas de Musashi. Musashi, anticipándose al movimiento, saltó para evitar el ataque y asestó un golpe mortal en las caderas de Kojiro, poniendo fin al duelo. La muerte de Kojiro marcó el final de uno de los encuentros más históricos de la historia samurái, inmortalizando aún más la leyenda de Musashi.

El duelo contra Kojiro afectó profundamente a Musashi. Mientras reflexionaba sobre sus victorias, se hacía preguntas. ¿Por qué había ganado tantos duelos? ¿Era su fuerza física? ¿La debilidad de sus oponentes? ¿O era la voluntad de los dioses? Estos pensamientos lo atormentaban y lo llevaron a pasar el resto de su vida buscando respuestas. Esta búsqueda lo condujo a refinar sus técnicas en un estilo al que llamó Niten Ichi Ryu, dedicándose a transmitir sus conocimientos a las generaciones futuras.

El viaje de Musashi no se detuvo en la esgrima; exploró las artes con la misma dedicación. Practicó la pintura zen, creando obras minimalistas y evocadoras que reflejaban su filosofía interior. También se dedicó a la escultura, la poesía y la arquitectura, en las que encontró consuelo y expresión.

Aunque siguió luchando en guerras y aceptando duelos, Musashi pasó a centrarse en la enseñanza y el desarrollo de su filosofía de combate. Escribió mucho, con la intención de compartir sus ideas con el mundo. En sus últimos años, Musashi se retiró a una cueva, donde vivió como un ermitaño mientras reflexionaba sobre los significados más profundos de la esgrima. Fue en esta soledad donde escribió su obra más famosa, el *Gorin no Sho* (*El libro de los cinco anillos*). Este libro, que detalla sus estrategias y su filosofía sobre las artes marciales, se convirtió en la piedra angular de su legado.

Musashi nunca se casó, pero adoptó dos hijos que llegaron a servir a importantes señores feudales. Murió en 1645, pero su legado perduró. El *Gorin no Sho* y la historia de su vida cimentaron su estatus de kensei, un "santo de la espada", título reservado a guerreros de habilidad legendaria. Las enseñanzas y la filosofía de Musashi han inspirado a innumerables artistas marciales de todo el mundo, convirtiéndolo en uno de los mejores espadachines de la historia.

La venganza de los 47 Ronin

El periodo Edo, que abarca desde año 1603 al 1868, suele considerarse un periodo de paz en Japón. Bajo el gobierno del shogunato Tokugawa, Japón experimentó una estabilidad y prosperidad sin precedentes. Aunque muchos podrían imaginar a los samuráis de esta época preparándose constantemente para la guerra, ataviados con armaduras y blandiendo sus katanas, la realidad era muy distinta.

Con la ausencia de la guerra, la vida de un samurái se orientó hacia actividades intelectuales, principalmente la poesía, la caligrafía y otras artes. Aunque aún se practicaban artes marciales como el Kenjutsu (esgrima), se volvieron más rituales, centrándose menos en el combate y más en la preservación de la tradición. Los samurái pasaron a desempeñar funciones dentro de la administración y la burocracia, viviendo como funcionarios dedicados a servir a sus señores feudales y, por extensión, al shogun.

En abril de 1701, el castillo de Edo bullía de actividad para preparar un acontecimiento importante. Los rituales y protocolos del periodo

Edo se tomaban muy en serio, con una intrincada etiqueta que regía todos los aspectos de la vida ceremonial. El acontecimiento en cuestión era una ceremonia de despedida para los representantes del emperador que se habían alojado en el castillo. Kira Yoshinaka, un kōke, o maestro de ceremonias, estaba en el centro de estos preparativos. Conocido por su estricto cumplimiento del protocolo y su influyente posición, el papel de Kira consistía en garantizar que todos los aspectos de la ceremonia se desarrollaran a la perfección.

Entre los implicados en la ceremonia se encontraba un joven daimyo llamado Asano Naganori. A Asano se le encomendó la tarea de recibir instrucciones de Kira sobre la etiqueta necesaria en la corte. Sin embargo, pronto surgieron tensiones entre ellos. Diversos relatos sugieren diferentes razones para esta animosidad: algunos afirmaban que Kira estaba disgustado con los insuficientes regalos que Asano ofrecía, mientras que otros creían que la arrogancia y corrupción naturales de Kira chocaban con los principios devotamente morales y confucianos de Asano. Asano, luchando por mantener la compostura entre los insultos de Kira, llegó finalmente a su punto de quiebre.

Asano esperó a Kira en el pasillo principal del castillo. Cuando éste apareció, Asano, incapaz de contener su rabia por más tiempo, le asestó un tajo con su wakizashi (una espada corta usada por los samuráis). Aunque el primer golpe de Asano hirió a Kira, el segundo falló e impactó en un pilar. La conmoción atrajo rápidamente a los guardias del castillo, que contuvieron a Kira y retuvieron al enfurecido Asano.

Una representación del ataque de Asano a Kira Yoshinaka [18]

Atacar a un funcionario del shogunato, especialmente dentro de su residencia, era un delito grave. Desenvainar un arma dentro del castillo de Edo estaba estrictamente prohibido, y los samuráis sólo podían llevar sus wakizashi dentro del recinto del castillo. Además, derramar sangre en presencia del shogun y el emperador violaba la creencia sintoísta en la pureza. Las acciones de Asano fueron castigadas rápidamente: se le ordenó cometer seppuku ese mismo día. El shogun también despojó a la familia de Asano de sus tierras y riquezas, y redujo a sus criados samurái a ronin, samuráis sin señor.

Ser un ronin era vivir en desgracia, a menudo visto por la sociedad con sospecha y desdén. A diferencia de los samurái, que tenían un señor a quien servir y un lugar estable en la jerarquía social, los ronin vagaban sin propósito, a menudo luchando por sobrevivir. Esta suerte corrieron los criados de Asano, pero entre ellos, cuarenta y siete eligieron el camino de la venganza.

Liderados por Oishi Yoshio, los cuarenta y siete ronin conspiraron para matar a Kira Yoshinaka. Sabían que Kira esperaría represalias, así que esperaron su momento, hasta que bajara la guardia. Durante dos años, vivieron como si hubieran abandonado su rencor. Oishi, para convencer a todo el mundo de su supuesta renuncia, empezó a beber en exceso y a hacer demostraciones públicas de libertinaje. Su paciencia dio sus frutos, y Kira acabó por relajar sus defensas.

En diciembre de 1702, los cuarenta y siete ronin se reunieron en un lugar secreto y ultimaron su plan. Juraron vengar a su maestro, dejando claro que su misión era un acto de katakiuchi (venganza). Oishi les ordenó a sus hombres que evitaran hacer daño a mujeres, niños y personas indefensas. Su objetivo era matar a Kira y colocar su cabeza cortada en la tumba de Asano antes de entregarse a su destino.

Entonces, en una fría noche de diciembre, los cuarenta y seis ronin (uno fue enviado a otra misión) asaltaron la residencia de Kira. Uno de ellos subió al tejado para anunciar en voz alta sus intenciones, asegurándose de que el público supiera que no eran ladrones ni asesinos, sino samuráis sin señor que buscaban venganza. Muchos de los que despreciaban a Kira vitorearon en silencio y no hicieron nada por impedir el paso de los ronin.

Kira, al oír la conmoción, intentó huir y esconderse con su esposa y sus sirvientas. Sus criados lucharon valientemente, pero los ronin fueron implacables. Dieciséis de los hombres de Kira murieron y otros veintidós resultaron heridos. El propio Kira no aparecía por ninguna parte. Oishi, al revisar la cama de Kira y encontrarla aún caliente, dedujo que Kira estaba cerca. Finalmente, el ronin descubrió un patio oculto donde Kira se había refugiado.

Al encontrar a Kira, Oishi se dirigió respetuosamente a él, ofreciéndole la oportunidad de morir honorablemente mediante el seppuku. Oishi incluso se ofreció a actuar como kaishakunin (segundo) de Kira, quien lo decapitaría para minimizar su sufrimiento. Kira permaneció mudo. Al no ver otra opción, Oishi le ordenó a sus hombres que inmovilizaran a Kira. Lo mataron con una daga, la misma que Asano había utilizado para su seppuku.

Los ronin lavaron la cabeza cortada de Kira en un pozo antes de colocarla en la tumba de Asano junto a la daga. Rezaron y dejaron el dinero que les quedaba al abad del templo, pidiendo que sus cuerpos fueran enterrados decentemente y que se rezara por sus almas. Después se entregaron, esperando la sentencia de muerte.

Como estaba previsto, el shogun sentenció a muerte a los cuarenta y seis ronin. Sin embargo, reconociendo su acto de lealtad y honor, se les permitió cometer seppuku en lugar de ser ejecutados como criminales comunes. El más joven de ellos sólo tenía dieciséis años. El cuadragésimo séptimo ronin, Terasaka Kichiemon, regresó y más tarde fue indultado. Los cuarenta y seis ronin fueron enterrados en Sengaku-ji, frente a la tumba de su maestro.

Las tumbas de los ronin en Sengaku-ji [19]

La historia de los cuarenta y siete ronin se hizo famosa rápidamente y sigue siendo uno de los relatos más perdurables de Japón, ya que transmite el mensaje de la lealtad y el honor imperecederos del samurái. La historia, conocida como "Chūshingura" (El tesoro de los guardianes leales), se ha repetido en innumerables obras de teatro, libros y películas, cada vez reforzando los ideales del bushido, el camino del guerrero. El acto de los ronin de vengar a su señor y enfrentarse voluntariamente a la muerte para defender su honor ejemplifica los valores más profundos del samurái: la lealtad al señor, la importancia del honor y la voluntad de sacrificarlo todo por los propios principios.

Aún hoy, las tumbas de los cuarenta y siete ronin en el templo Sengaku-ji son un lugar de peregrinación. Los visitantes acuden a presentar sus respetos y honrar la memoria de estos leales samuráis. El festival anual que se celebra en Sengaku-ji el 14 de diciembre, en conmemoración del día en que los ronin vengaron a su maestro, atrae a gente de todo Japón y de otros países. Este festival es una celebración de las virtudes que encarnaron los cuarenta y siete ronin y que siguen resonando en la cultura japonesa.

Capítulo 4 - Cuentos populares de amor y destino

Había una vez, en la verde campiña del antiguo Japón, un anciano cortador de bambú llamado Taketori no Okina. Cada día se adentraba en los espesos bosques de bambú, con su afilada hacha brillando bajo la luz del sol mientras cortaba y recogía meticulosamente los esbeltos tallos. Su humilde vida estaba llena de los rítmicos sonidos de la naturaleza y el suave susurro de las hojas de bambú, pero había un vacío en su corazón, pues él y su esposa, Asagao, no tenían hijos.

Una tranquila mañana, cuando los dorados rayos del sol atravesaban el dosel esmeralda, Taketori no Okina observó un extraordinario resplandor que emanaba de un tallo de bambú. Hipnotizado, se acercó a la planta luminosa y, con sumo cuidado, la abrió. Para su asombro, en el interior del tallo había una pequeña y radiante bebé, no más grande que su pulgar. Sus delicados rasgos y su etéreo resplandor llenaron de alegría y asombro el corazón de Taketori no Okina. Creyendo que era un regalo divino, acunó suavemente a la pequeña y se la llevó a casa a su esposa.

Asagao quedó igualmente encantada con la milagrosa niña. Juntos la llamaron Kaguya-hime, que significa "princesa radiante". Milagrosamente, en tan sólo unos días, Kaguya-hime pasó de ser una diminuta infante a una hermosa joven, de belleza inigualable. Su pelo brillaba como el cielo de medianoche y sus ojos centelleaban como las estrellas más brillantes. El cortador de bambú y su esposa la apreciaban profundamente, y sus vidas rebosaban ahora de felicidad y amor.

Extrañamente, desde que Kaguya-hime llegó a sus vidas, cada vez que Taketori no Okina cortaba el bambú, encontraba pepitas de oro entre los tallos. Pronto, la otrora humilde pareja se hizo rica, su hogar se llenó de tesoros y sus corazones de gratitud por el extraordinario don que se les había concedido.

La belleza de Kaguya-hime pronto se hizo legendaria, y la fama de la doncella celestial se extendió por todas partes. Nobles de tierras lejanas viajaron a la modesta casa del cortador de bambú con la esperanza de conseguir su mano. Cinco príncipes, famosos por su riqueza y estatus, fueron los pretendientes más insistentes. Empeñados en casarse con la bella Kaguya-hime, estos pretendientes se reunieron un día con Taketori no Okina, con la esperanza de poder persuadir a su radiante hija para que aceptara una de sus propuestas de matrimonio. Sin embargo, Kaguya-hime permaneció desinteresada. Pero, como no pensaba decepcionar a su padre, Kaguya-hime aceptó casarse con cualquiera de los pretendientes que cumpliera con éxito su condición, más bien imposible.

Al primer príncipe se le pidió que recuperara el cuenco de piedra de Buda. Decidido, emprendió el largo viaje, pero pronto se dio cuenta de que la tarea era imposible. Desesperado, encontró un viejo cuenco en un templo local e intentó hacerlo pasar por la verdadera reliquia. Sin embargo, Kaguya-hime se dio cuenta de su engaño -el cuenco no tenía cierto brillo- y lo despidió sumido en la vergüenza.

El segundo príncipe recibió el encargo de encontrar una rama de la mítica isla de Horai, hecha de oro y adornada con frutos enjoyados. Contrató a un artesano excepcionalmente hábil para crear una magnífica rama falsa, con la esperanza de engañar a Kaguya-hime. La bella doncella se sorprendió un poco cuando le presentó la rama, pero el engaño del príncipe quedó al descubierto cuando Kaguya-hime recibió un mensajero enviado por el artesano, pidiendo el pago.

El tercer príncipe debía conseguir una túnica hecha con la piel de la rata de fuego, que no podía quemarse. Viajó a tierras lejanas, gastando una fortuna, sólo para volver con una túnica ordinaria. Cuando Kaguya-hime probó la túnica prendiéndole fuego, se redujo a cenizas y el príncipe partió derrotado.

Al cuarto príncipe se le pidió que trajera una joya de color del cuello de un dragón. Emprendió un viaje a través de los mares y más tarde se vio obligado a enfrentarse a la despiadada tormenta. Temiendo por su vida, el príncipe decidió abandonar la misión. En cuanto al quinto príncipe, se enfrentó a un destino más sombrío. Encargado de buscar una concha de vaca nacida de las golondrinas, el impertérrito príncipe fue a buscar incansablemente un nido de golondrinas. Encontró uno, pero estaba muy alto. El príncipe intentó alcanzarlo, pero desgraciadamente cayó al vacío.

Más tarde, el emperador, que había oído hablar de la inigualable belleza de Kaguya-hime, también decidió aventurarse a las afueras, con la esperanza de poder vislumbrar a la legendaria doncella. Como era de esperar, al ver a Kaguya-hime, el emperador quedó inmediatamente cautivado por su gracia y belleza. Casi de inmediato, pidió su mano en matrimonio, ofreciéndole los lujos y el poder de su corte. Pero Kaguya-hime, con el corazón compungido, se negó. Ella le explicó que no era de su país; el matrimonio era imposible. Sin embargo, ambos mantuvieron el contacto. Durante tres años siguieron enviándose cartas.

Sin embargo, Kaguya-hime seguía sintiéndose sola y triste. Llegó el verano, y a menudo miraba la luna con nostalgia. Sus ojos se llenaban de una tristeza que sus padres adoptivos no podían comprender. A medida que las estaciones cambiaban y el verano daba paso al otoño, la melancolía de Kaguya-hime se acentuaba. Una noche, bajo el suave resplandor de la luna, reveló por fin a Taketori no Okina y Asagao que no era de este mundo, sino una princesa del Reino de la Luna. Había sido enviada a la Tierra como castigo por cierta fechoría que se negaba a explicar. El oro que recibieron fue enviado desde los cielos como forma de pago por la manutención de la princesa. Este castigo había llegado a su fin, y ella debía regresar a donde pertenecía.

Sus padres adoptivos quedaron devastados por la revelación, incapaces de comprender la pérdida de su amada hija. Le suplicaron que se quedara, pero el destino de Kaguya-hime estaba sellado. Ella les aseguró que siempre apreciaría el amor y los cuidados que le habían mostrado. Mientras tanto, la noticia llegó pronto al emperador, que juró mantenerla en la Tierra. Cuando Kaguya-hime reveló que su permanencia en la Tierra se acercaba a su fin, el emperador no perdió el tiempo. Desplegó a sus guardias más leales para rodear su casa la noche de su partida, decidido a frustrar a los seres celestiales que vendrían a llevársela.

Aquella fatídica noche, cuando la luna llena bañaba la tierra con su luz plateada, unos seres celestiales descendieron de los cielos en un resplandeciente carro. Vestidos con relucientes túnicas, se acercaron a Kaguya-hime, que ahora estaba adornada con un radiante atuendo que realzaba su belleza de otro mundo. Los guardias del emperador, valientes y decididos, formaron una barrera alrededor de la casa, pero no fueron rivales para los seres celestiales. Las etéreas criaturas burlaron a los guardias sin esfuerzo, y su presencia divina venció toda resistencia.

Taketori no Okina y Asagao lloraron al ver cómo su amada hija se despedía de ellos, con sus luminosos ojos llenos de lágrimas de gratitud y dolor. Kaguya-hime escribió emotivas cartas de despedida para su familia y para el emperador, expresando su profundo amor y gratitud por su amabilidad. También dejó un frasquito con el Elixir de la Vida para el emperador, un último regalo para quien la había amado tanto.

Cuando Kaguya-hime ascendió al cielo, miró a la pareja que le había dado una vida de amor y felicidad. Su séquito celestial la envolvió en un manto de plumas, borrando todos sus recuerdos terrenales, mientras ascendía a la Luna, en dirección directa a Tsuki no Miyako (la Capital de la Luna).

Kaguya-hime ascendiendo hacia la luna [20]

El emperador, desolado por la partida de Kaguya-hime, leyó su carta y sintió una abrumadora sensación de pérdida. Consternado, le escribió una sentida carta en la que le expresaba su eterno amor y su dolor. Luego les ordenó a sus hombres que subieran a la cima de la montaña más alta de Japón y quemaran la carta, con la esperanza de que el humo llevara sus palabras y sentimientos a Kaguya-hime en los cielos. También se quemó el Elixir de la Vida, ya que el emperador no deseaba alcanzar la inmortalidad sin la princesa a su lado. Desde ese día, se dice que la columna de humo que sale de la montaña simboliza el eterno amor y anhelo del emperador por Kaguya-hime. La leyenda también cuenta que la palabra para inmortalidad (fushi) se convirtió en el nombre de la montaña: Monte Fuji.

El cuento del cortador de bambú y su princesa de la luna, Kaguya-hime, fue escrito durante el periodo Heian -posiblemente a finales del siglo IX o principios del X-, lo que lo convierte en uno de los cuentos populares más antiguos de los que se tiene constancia. Inmediatamente se convirtió en una historia muy apreciada que ha pasado de generación en generación. El cuento recuerda a todos los que lo escuchan la belleza del amor, el sacrificio y la magia etérea que a veces adorna el mundo.

No es el único cuento que habla de amor. Otra leyenda popular que mezcla emociones humanas con elementos místicos es la historia de Tsuru Nyōbō (La esposa grulla).

La historia de la esposa grulla

La historia se desarrolla en un pequeño pueblo, hogar de cierto joven. Era una persona de buen corazón, que vivía una vida sencilla en una modesta casita al borde de un denso bosque. Un fresco día de otoño, mientras el joven caminaba por el bosque para recoger leña, oyó un débil y triste grito. Siguiendo el sonido, descubrió una hermosa grulla con una flecha atravesándole el ala. Las blancas plumas de la grulla estaban manchadas de sangre y sus ojos imploraban clemencia.

Movido a compasión, el joven retiró con cuidado la flecha. "Tienes que tener cuidado con los cazadores la próxima vez", dijo suavemente mientras atendía las heridas de la grulla.

El pájaro, agradecido, lo miró con ojos profundos e inteligentes antes de desplegar sus majestuosas alas y elevarse hacia el cielo. El joven observó cómo la grulla desaparecía a la distancia, con el corazón reconfortado al saber que había salvado una vida.

Aquella noche, mientras el viento susurraba entre los árboles y las hojas caían suavemente al suelo, llamaron suavemente a la puerta del joven. Cuando abrió, se encontró con una joven despampanante. Se presentó como su esposa. Confundido, el joven le explicó que no tenía dinero para mantenerlos a los dos. La mujer lo tranquilizó diciéndole que había traído un saco de arroz lo bastante grande para alimentarlos a ambos.

Para asombro del joven, el arroz nunca se agotó y nunca pasaron hambre. Con el paso de los días, se fueron acercando y el joven se sintió cautivado por su amable comportamiento y su misteriosa belleza. Una noche, bajo el suave resplandor del hogar, la mujer le pidió al joven que le construyera una sala para tejer. A pesar de sus modestos medios, se puso manos a la obra y pronto tuvo una pequeña habitación lista para ella.

Antes de empezar a tejer, la esposa del joven le hizo jurar que nunca la miraría mientras trabajaba. Se encerró en la habitación y el joven esperó fuera, escuchando el ruido constante del telar. Pasaron los días. Por fin, al cabo de siete días, el ruido cesó. Su esposa, ahora frágil y delgada, salió de la habitación con la tela más exquisita que jamás había visto.

Al día siguiente, el joven llevó la tela al mercado del pueblo, donde alcanzó un precio muy alto. Sus vidas mejoraron y su hogar, antes sencillo, se volvió cálido y acogedor. Sin embargo, la curiosidad del joven seguía creciendo. ¿Cómo podía su mujer crear telas tan extraordinarias?

Una noche, incapaz de resistirse por más tiempo, se acercó de puntillas a la habitación donde trabajaba su mujer. Al asomarse por una pequeña rendija de la puerta, quedó estupefacto al ver una gran grulla en el telar, sacando plumas de su propio cuerpo para tejer la tela. Mientras jadeaba sorprendido, la grulla volvió a transformarse en su mujer, quien se volvió hacia él con lágrimas en los ojos.

"Has roto tu juramento", dijo apenada. "Soy la grulla que rescataste, y me convertí en tu esposa para devolverte tu amabilidad. Pero ahora que has visto mi verdadera forma, debo marcharme".

Devastado, el joven le suplicó que se quedara, pero ya era demasiado tarde. Ella lloró, se transformó en grulla, desplegó las alas y, con un grito de dolor, se adentró en la noche. El joven la vio desvanecerse en la oscuridad, con el corazón destrozado por el pesar y la tristeza. Pero, antes de marcharse, la grulla le había dado al joven un último trozo de tela para que la recordara. Aferró la hermosa tela, sabiendo que era su último regalo para él.

Desde aquel día, el joven vagaba a menudo por el bosque con la esperanza de ver a la grulla que una vez había salvado y amado. Aunque nunca volvió a verla, a veces oía un grito de dolor que resonaba entre los árboles, un recuerdo del amor que había perdido al romper su promesa.

La historia de la esposa grulla nos enseña importantes lecciones. Demuestra que el amor verdadero es generoso y bondadoso, pero también subraya la importancia de cumplir las promesas. La curiosidad puede conducir al dolor, y a veces es mejor confiar y respetar la intimidad de quienes nos importan. La dolorosa experiencia del joven sirve de recordatorio para valorar y honrar la confianza que los demás depositan en nosotros.

La historia de los amantes convertidos en estrellas

El siguiente cuento es una leyenda entrañable que pinta el cielo nocturno con una historia de amor y anhelo. Representados por las estrellas Vega y Altair, estos amantes celestiales están separados por la Vía Láctea.

En los cielos, lejos de nuestro mundo, hubo una vez una encantadora tejedora llamada Orihime. No era una simple tejedora; Orihime era, de hecho, una princesa, hija del Dios del Cielo. La mayor parte del tiempo, se podía ver a Orihime trabajando diligentemente en su telar a orillas del Amanogawa (el Río del Cielo), que hoy conocemos como la Vía Láctea. Con sus habilidades celestiales, sus tejidos eran siempre tan exquisitos que brillaban como las propias estrellas más brillantes.

A pesar de su habilidad y dedicación, Orihime siempre se sentía sola. Ansiaba compañía y amor, pero su constante trabajo de tejedora no le dejaba tiempo para tales menesteres. Al ver la tristeza de su hija, el Dios del Cielo decidió ayudarla. Le presentó a Hikoboshi, un joven y apuesto pastor que vivía en la orilla opuesta del Amanogawa. Hikoboshi era conocido por su amabilidad y su devoción a su rebaño de vacas celestiales.

Cuando Orihime y Hikoboshi se conocieron, fue amor a primera vista. Se sintieron atraídos al instante y pronto se hicieron inseparables. Su amor floreció y, durante un tiempo, ambos fueron felizmente felices. Pasaban juntos todo el tiempo que podían: reían, hablaban y disfrutaban de su mutua compañía.

Sin embargo, su nueva felicidad tenía un precio. Orihime descuidaba su tejido, las vacas de Hikoboshi vagaban desatendidas y el caos amenazaba el orden celestial. El padre de Orihime, al notar el desorden, se disgustó enormemente. Por ello, convocó a Orihime y a Hikoboshi y decretó que debían ser separados por los Amanogawa como castigo por su negligencia.

Desconsolados, Orihime y Hikoboshi fueron colocados en lados opuestos de la Vía Láctea, con prohibición de verse. La separación era insoportable, y ambas pasaban los días contemplando con nostalgia el río de estrellas, con el corazón dolorido. La tristeza llegó a ser tan intensa que atrajo la atención del Dios del Cielo. Al ver la miseria de su hija y conmovido por sus lágrimas, el padre de Orihime decidió mostrar piedad.

Permitió que Orihime y Hikoboshi se reunieran una vez al año, el séptimo día del séptimo mes, lo que se conoce como Tanabata, que significa "Tarde del Séptimo". Sin embargo, había una condición: sólo podían reunirse si se comprometían a trabajar duro y cumplir con sus obligaciones durante el resto del año. Los dos amantes, tal vez anhelando desesperadamente la compañía del otro, no tardaron en aceptar las condiciones. Siguieron cumpliendo con sus obligaciones. Después de esto, el caos desapareció de los cielos.

Cuando por fin llegó el día, los dos estaban eufóricos. Era el primer día en que iban a reunirse después de todo un año. Sin embargo, pronto encontraron que el río era demasiado difícil de cruzar. Orihime fue inmediatamente consumida por la tristeza. Pero como antes, su tristeza pronto atrajo la atención de los demás. Una bandada de urracas acudió en ayuda de los dos amantes. Hicieron un puente para que Orihime cruzara el río, permitiéndole abrazar a Hikoboshi una vez más. La pareja disfrutó de cada momento de su reencuentro, quizás abrazándose y compartiendo historias de su tiempo separados. La visión de su amor reavivado trajo esperanza y felicidad a todos los demás seres celestiales. Sin embargo, se dice que las urracas sólo podían ayudarlos en su viaje anual si el día estaba despejado. Si en esa fecha llovía, los dos amantes debían esperar otro año para reencontrarse.

Hoy en día, la historia de Orihime y Hikoboshi se conmemora con el festival Tanabata. La gente escribe sus deseos en tiras de papel de colores llamadas tanzaku y las cuelga en árboles de bambú, creando hermosos árboles de los deseos. Al día siguiente, estos árboles decorados flotan en un río o en el océano y se queman como ofrenda, llevando los deseos al cielo.

Un árbol de bambú lleno de tanzaku [21]

En todo Japón, el Tanabata está marcado por diversas celebraciones. Las calles cobran vida con desfiles, puestos de comida y coloridas decoraciones. Personas de todas las edades participan en los festejos, disfrutando de la comida tradicional, la música y los juegos. Los fuegos artificiales iluminan el cielo nocturno, reflejando la alegría de la reunión celestial y añadiendo un ambiente mágico al festival.

El festival Tanabata es un momento para que la gente se reúna y celebre el amor, la esperanza y la belleza de las estrellas. Familias y amigos se reúnen para compartir la historia de Orihime y Hikoboshi, enseñando a la siguiente generación el poder del amor y la importancia de la perseverancia y el trabajo duro. Mientras contemplan la Vía Láctea, imaginan a los amantes celestiales reunidos en su puente de urracas, con su amor resplandeciendo en los cielos.

A través del festival de Tanabata, la historia de Orihime y Hikoboshi queda inmortalizada. Sirve como recordatorio eterno de la fuerza perdurable del amor, el valor de la dedicación y la belleza de las estrellas que nos guían.

La desgarradora historia de Kiyohime y Anchin

El amor, una emoción poderosa y hermosa, puede convertirse a veces en una obsesión que lo consuma todo. Cuando el amor se convierte en una fijación enfermiza, puede llevar a la gente a extremos inimaginables, causando dolor y sufrimiento tanto al amante como al amado. Una desgarradora historia del folclore japonés que ilustra vívidamente esta transformación es la de Anchin y Kiyohime. Esta leyenda revela el lado oscuro del amor convertido en obsesión.

El escenario de esta sobrecogedora leyenda era la antigua provincia de Kii, donde vivía una hermosa joven llamada Kiyohime. Hija de un funcionario del señorío de Manago, era conocida por su gracia y belleza. Un día, un monje viajero llamado Anchin llegó a la mansión de su padre. Anchin era un monje apuesto y devoto que peregrinaba a un templo sagrado. Cuando Kiyohime lo vio, se enamoró profundamente.

"Bienvenido, honorable monje", saludó Kiyohime, con los ojos brillantes de admiración. "¿Puedo ofrecerte comida y descanso para tu viaje?".

Anchin aceptó amablemente su hospitalidad, sin ser consciente del creciente afecto que Kiyohime sentía por él. Durante su estadía en la mansión, pasaron tiempo hablando, y los sentimientos de Kiyohime por Anchin se intensificaron. Cuando llegó la hora de que Anchin continuara su viaje, Kiyohime le suplicó que se quedara más tiempo, pero él se negó amablemente.

"Kiyohime, debo cumplir con mi peregrinaje", explicó Anchin, percibiendo su apego. "Es mi deber con el templo y con mi fe. Volveré contigo en cuanto acabe con mis responsabilidades".

Desconsolada pero esperanzada, Kiyohime lo observó marcharse, creyendo que volvería. Mientras Anchin continuaba su peregrinaje, cada vez era más consciente de lo inapropiado del afecto de Kiyohime. Decidió evitarla en su viaje de regreso, temiendo las consecuencias de su obsesión.

Meses después, Anchin regresó a la provincia de Kii, tomando una ruta diferente para evitar a Kiyohime. Sin embargo, ella se enteró de su regreso y estaba decidida a volver a verlo. Esperó junto a la carretera, con la esperanza de interceptarlo. Cuando Anchin la vio, se asustó y huyó, buscando refugio en un templo cercano.

"Kiyohime, por favor, compréndelo", suplicó Anchin mientras corría. "Soy un monje y no puedo corresponder a tu amor".

Kiyohime, a orillas del río Hidaka [22]

Devastada por su rechazo y consumida por su deseo, la angustia de Kiyohime se transformó en rabia. Persiguió a Anchin sin descanso. Anchin, por su parte, había cruzado con éxito el río Hidaka y le había dicho específicamente al barquero que no transportara a Kiyohime. Y así, cuando la enfurecida doncella llegó a la orilla del rio, el barquero le dijo que diera media vuelta. No dispuesta a dejar marchar al monje, Kiyohime saltó al río. Fue en ese momento cuando se produjo una desgarradora transformación. El cuerpo de la otrora hermosa doncella se contorsionó y, en un abrir y cerrar de ojos, se transformó en una monstruosa serpiente, impulsada por la obsesión de atrapar a Anchin.

Anchin estaba aterrorizado. Corrió tan rápido como pudo hasta el Dōjō-ji. Dominado por el pánico, Anchin buscó ayuda en el sacerdote del Dōjō-ji. Aquí, las fuentes varían; algunas afirman que los sacerdotes del templo no creyeron la historia de Anchin, mientras que otras sugieren que tomaron en serio sus palabras. No obstante, Anchin acabó encontrando un escondite. Se dice que se escondió bajo la gigantesca campana del templo, con la esperanza de salvar su vida de la vengativa serpiente. Sin embargo, Kiyohime, en su nueva forma, tenía un sentido del olfato bastante agudizado. Podía oler fácilmente el aroma del aterrorizado monje y localizar su escondite. Sin perder tiempo, se enroscó alrededor de la campana, con sus escamas rozando el metal. Le exhaló fuego, calentando la campana hasta que brilló al rojo vivo.

Sección de un pergamino que representa a Kiyohime como una serpiente, quemando la campana [28]

Anchin, atrapado en su interior, empezó a sentir lentamente el calor abrasador y supo que no podría escapar a su destino. Lo único que pudo hacer fue rezar por última vez, con su voz temblorosa mezclándose con los siseos desesperados de la serpiente del exterior. En un último momento de agonía, las llamas lo consumieron y la campana se hizo añicos por el intenso calor. Kiyohime, al darse cuenta de lo que había hecho, soltó un desgarrador lamento que resonó por todo el recinto del templo. Su monstruosa figura se desplomó y lloró amargamente sobre los restos carbonizados del monje al que había amado. Al no poder soportar más su dolor, Kiyohime huyó al río, donde acabó con su propia vida.

El trágico final de Anchin y Kiyohime nos recuerda el poder destructivo de las emociones descontroladas. El amor de Kiyohime, que se convirtió en una obsesión que lo consumía todo, la llevó a transformarse en una criatura de ira y venganza. Los intentos de Anchin por escapar no hicieron más que alimentar su ira, culminando en una desgarradora y ardiente muerte para ambos.

Capítulo 5 - Yokai y criaturas sobrenaturales

Las calles de la ciudad del periodo Edo se encontraban envueltas en un inquietante silencio mientras la luna proyectaba su pálido resplandor sobre los estrechos callejones. Los faroles parpadeaban suavemente, su luz apenas atravesaba la espesa oscuridad. Un hombre solitario -llamémosle Sato- se dirigía a su casa tras un largo día de trabajo. La quietud de la noche era perturbadora, y el silencio era tan profundo que parecía amplificar el sonido de sus propios pasos.

Mientras Sato caminaba, una extraña sensación le recorrió la espina dorsal. Tuvo la extraña impresión de que lo estaban siguiendo. Al mirar a su alrededor, no vio más que sombras bailando en las paredes y el susurro ocasional de las hojas al viento. La sensación persistió, haciéndose más fuerte a cada paso, hasta que ya no pudo ignorarla. Armándose de valor, decidió darse la vuelta y enfrentarse a lo que estuviera detrás de él.

Allí, en medio de la calle desierta, había un niño pequeño. Medía más de la mitad que un hombre normal y llevaba un gran sombrero de bambú que le ocultaba gran parte de la cara. Parecía solitario, una figura solitaria en la noche. En sus manos sostenía un plato con un gran bloque de tofu y una hoja de arce japonés estampada en el lateral. El chico parecía el típico vendedor de tofu, algo habitual durante el día, pero había algo en él que inquietaba a Sato.

"Buenas noches", dijo el chico con voz suave, extendiendo el plato hacia Sato. "¿Le apetece un poco de tofu?".

Sato vaciló, pero aceptó el ofrecimiento. Los ojos del chico, apenas visibles bajo el ala del sombrero, parecían brillar con una extraña luz. Dando las gracias al chico, Sato se dirigió rápidamente a casa, deseoso de escapar de aquel inquietante encuentro.

Una vez en su casa, Sato examinó el tofu. Parecía normal y corriente y, encogiéndose de hombros, decidió comérselo. El tofu era bastante insípido y no tenía ningún sabor. "Un tofu normal y corriente", pensó Sato, aliviado. No sabía que había tenido suerte.

Una representación de Tōfu-kozō [34]

En otras circunstancias, comer el tofu que daba el Tōfu-kozō podía tener consecuencias mucho peores. Para los desafortunados, el moho se extendía por la superficie blanca del tofu a medida que lo comían. A veces, quienes consumían el moho sin darse cuenta se encontraban con que éste crecía dentro de sus cuerpos, provocándoles finalmente la muerte. Tales sucesos eran raros, ya que los Tōfu-kozō no solían convertir a los humanos en sus oponentes. De hecho, estos yokai (criaturas sobrenaturales y espíritus) eran representados frecuentemente como personajes amistosos, tímidos y humorísticos. A menudo, otros yokai se burlaban de ellos por ser débiles y eran conocidos por servir de recaderos para yokai más fuertes.

Tōfu-kozō, con su entrañable y a la vez inquietante presencia, era un yokai único. Pero, para entenderlo plenamente, es esencial ahondar en lo que representan los yokai en las creencias japonesas. Cada tipo de yokai tiene sus propias características e historias. Pueden ser malévolos, benévolos o simplemente traviesos, y encarnan los miedos, las curiosidades y los aspectos desconocidos de la vida humana. Los orígenes de los yokai están profundamente arraigados en las antiguas creencias japonesas y en el folclore del campo, donde la gente vivía en estrecha armonía con la naturaleza.

Sin embargo, la historia de Tōfu-kozō es diferente. Este yokai nació en las bulliciosas ciudades durante el periodo Edo. El tofu había llegado de China al principio de la historia de Japón, durante el periodo Nara o Heian, pero no fue hasta el periodo Edo cuando el tofu se hizo popular. Aunque al principio lo disfrutaban las élites, poco a poco se convirtió en un alimento básico para todas las clases sociales.

Durante este periodo, muchos informaron haberse encontrado con Tōfu-kozō. Cada descripción variaba ligeramente, pero la esencia seguía siendo la misma. Algunos afirmaban que Tōfu-kozō era una criatura tímida, que a menudo se ponía de puntillas detrás de los que deambulaban por las calles vacías de noche. Otros decían que prefería aparecer durante la lluvia. Los dibujos de Tōfu-kozō también variaban. Mientras que muchos lo representaban como un joven bastante adorable, otros lo describían con un solo ojo grande o una larga lengua. A pesar de estas diferencias, la mayoría de los relatos coincidían en que Tōfu-kozō no era malévolo ni maligno.

Curiosamente, Tōfu-kozō era visto a menudo vestido de rojo, un color que los antiguos japoneses creían que tenía el poder de alejar el mal. Este detalle lo relaciona con otros yokai y espíritus del folclore japonés, como Hosogami, el espíritu de la viruela.

Cómo combatían los antiguos japoneses el demonio de la viruela

La historia de la viruela en Japón es tan desgarradora como fascinante. La enfermedad asoló el archipiélago por primera vez en el siglo VIII, durante el periodo Nara. Se cree que la viruela llegó a través de las rutas comerciales desde la península coreana y China, propagándose rápidamente entre la población. La epidemia de los años 735-737 d. C. fue especialmente devastadora, aniquilando a una gran parte de la población japonesa y alterando el curso de la historia de la nación.

Antes de la llegada de la ciencia médica y la comprensión de las enfermedades, los antiguos japoneses creían que la viruela era provocada por un espíritu malévolo conocido como Hosogami. Se creía que este demonio de la viruela viajaba por el país, propagando la enfermedad y causando estragos entre la población. Hosogami era muy temido, y se desarrollaron varios rituales y prácticas para ahuyentar a este temido espíritu.

Uno de los principales medios de protección contra Hosogami era el color rojo. Se creía que el rojo tenía el poder de repeler a los espíritus malignos y las influencias negativas. En el contexto de la viruela, las familias vestían a sus enfermos con ropas rojas, decoraban sus casas con objetos rojos e incluso pintaban símbolos rojos en sus paredes. La esperanza era que este vibrante color ahuyentara a los hosogami y evitara la propagación de la enfermedad.

Además del uso del rojo, los antiguos japoneses empleaban otros métodos para protegerse de los Hosogami. Algunos creían que complaciendo al demonio de la viruela podrían evitar la enfermedad. Por ello, erigían pequeños santuarios dedicados a Hosogami, en los que ofrecían oraciones y sacrificios para apaciguar al espíritu. Estos santuarios se adornaban a menudo con serpentinas de papel rojo llamadas shide, que se creía que aumentaban aún más su poder protector.

Otra práctica común consistía en atar cuerdas de paja, conocidas como shimenawa, alrededor de la casa. Estas cuerdas, también adornadas con shide, eran tradicionalmente utilizadas para marcar los espacios sagrados y alejar a los malos espíritus. Colocando shimenawa alrededor de sus casas, la gente esperaba crear una barrera protectora que mantuviera a raya a los Hosogami.

Una de las historias más famosas relacionadas con Hosogami es la de Minamoto no Tametomo. Tametomo fue un legendario samurái de finales del periodo Heian, famoso por su habilidad con el arco y su vida aventurera. Según el folclore, Tametomo se encontró una vez con Hosogami y, haciendo uso de sus extraordinarias habilidades, ahuyentó al demonio y protegió al pueblo de la viruela.

Minamoto no Tametomo fue también una figura de gran importancia cultural. Sus acciones contra Hosogami simbolizaban la eterna lucha entre los humanos y las fuerzas sobrenaturales que pretendían hacerles daño. Al enfrentarse a Hosogami, Tametomo se convirtió en un símbolo de esperanza y resistencia.

Minamoto no Tametomo expulsando al demonio de la viruela [25]

El temor a la viruela y la veneración por Hosogami también dieron lugar a diversos festivales y rituales locales destinados a prevenir brotes. En algunas regiones, pueblos enteros participaban en ritos de purificación, ofreciendo plegarias y bailando danzas para apaciguar al espíritu. Estas actividades comunales no sólo tenían una finalidad espiritual, sino que también reforzaban los lazos sociales y ofrecían una sensación de seguridad colectiva frente a una amenaza invisible.

A medida que avanzaban los conocimientos médicos y se comprendía la verdadera naturaleza de la viruela, la creencia en el Hosogami fue desapareciendo. Sin embargo, las prácticas culturales y el folclore en torno al espíritu de la viruela dejaron un duradero impacto en la sociedad japonesa. El uso del rojo como color protector, los rituales de purificación y las historias de figuras heroicas como Minamoto no Tametomo permanecen en la memoria cultural. La historia de Hosogami ilustra la compleja interacción entre superstición, religión y medicina en el antiguo Japón. Muestra cómo la gente buscaba dar sentido a lo desconocido y protegerse a través de una mezcla de medios prácticos y espirituales.

La leyenda del zorro de nueve colas

Otra legendaria figura en el mundo de los yokai es el kitsune, un espíritu zorro que cambia de forma, famoso en el folclore japonés por su astucia y sus artimañas. Uno de los cuentos más famosos es el de Tamamo no Mae, el famoso zorro de nueve colas.

La historia comienza con un matrimonio que descubre a una niña abandonada. Algunas versiones del cuento dicen que la encontraron en el bosque, mientras que otras afirman que la encontraron abandonada en la calle. La pareja, sin hijos y deseosa de tener una familia, acoge a la niña y la llama Mizukume. La colmaron de amor y cuidados y, con el paso de los años, Mizukume se convirtió en una niña extraordinariamente bella e inteligente.

A los siete años, Mizukume ya había demostrado un notable talento. Sabía leer y componer poesía, y encandilaba a todos con su brillantez y gracia. Su fama no tardó en extenderse y fue invitada a interpretar sus poemas ante el emperador Toba.

La actuación de Mizukume fue fascinante. El emperador quedó cautivado por su elocuencia y belleza. "Qué niña tan extraordinaria", reflexionó el emperador Toba, sin apartar los ojos de ella. "Debe ser llevada a la corte".

Y así, Mizukume fue llevada a la corte imperial, donde recibió el nombre de Tamamo no Mae. Rápidamente se convirtió en la favorita de los cortesanos. Las madres deseaban que sus hijos se parecieran más a ella y todos en la corte adoraban su compañía. Su inteligencia brillaba con luz propia, especialmente cuando los eruditos ponían a prueba sus conocimientos con preguntas difíciles, las cuales respondía con facilidad. Su creciente popularidad atrajo de nuevo la atención del emperador, que pasaba cada momento libre en su presencia.

Cuando Tamamo no Mae creció hasta convertirse en una hermosa doncella, se convirtió en la consorte del emperador. Eran inseparables y el emperador Toba disfrutaba enormemente de su compañía. Sin embargo, esta felicidad no iba a durar. De repente, el emperador cayó misteriosamente enfermo. Su estado empeoraba día a día, desconcertando a los médicos de la corte, que no encontraban cura.

Sólo una cosa parecía inusual: a pesar del grave estado del emperador, Tamamo no Mae no parecía especialmente afligida. Su actitud tranquila en medio de la crisis levantó sospechas entre los cortesanos.

Desesperada, la corte convocó a Abe no Yasunari, un onmyōji conocido por su pericia en la adivinación y lo sobrenatural. Abe no Yasunari realizó varios rituales para diagnosticar el problema. Pronto declaró que el emperador no sufría una enfermedad natural, sino que estaba maldito por un espíritu maligno. Alarmada por esta revelación, la corte convocó a sacerdotes de todo el país para que rezaran en palacio, con la esperanza de alejar la fuerza maligna. A pesar de sus esfuerzos, el estado del emperador seguía empeorando.

Cada vez más inquieta y desesperada, la corte le suplicó a Abe no Yasunari que realizara otro ritual. Esta vez, las conclusiones del onmyōji conmocionaron a todos: la culpable de la enfermedad del emperador no era otra que Tamamo no Mae. Declaró que era una kitsune y que estaba utilizando su magia para matar lentamente al emperador.

"¡Imposible!", exclamaron los cortesanos. "¡Tamamo no Mae no puede ser la causa de esto!".

El propio emperador, aunque debilitado, se sintió profundamente herido por la acusación. "Tamamo", susurró, "¿puede ser cierto?".

El tribunal accedió a realizar una prueba ideada por Abe no Yasunari para revelar la verdadera forma de Tamamo no Mae. El onmyōji explicó que durante un ritual sagrado, ningún espíritu maligno podría mantener un disfraz y se vería obligado a revelarse. Al principio, Tamamo no Mae dudó, pero bajo la presión de la corte, accedió a participar.

Tamamo no Mae transformándose en el zorro de nueve colas [26]

Al comenzar el ritual, el aire se volvió tenso. Los sacerdotes que entonaban los cánticos rodeaban a Tamamo no Mae, y la atmósfera crepitaba con energía espiritual. De repente, Tamamo no Mae empezó a retorcerse y a cambiar de forma ante sus propios ojos. En una horrible transformación, la hermosa doncella se transformó en un temible zorro de nueve colas.

Los cortesanos jadearon de terror y el emperador abrió los ojos con incredulidad. La kitsune, ahora totalmente expuesta, lanzó un feroz grito antes de saltar por una ventana cercana y desaparecer en la noche. Con el corazón destrozado, el emperador supo que tenía que enfrentarse a la criatura que una vez había sido su amada consorte. Pronto llegaron informes de todo el país sobre la misteriosa desaparición de mujeres y niños, presumiblemente raptados por el vengativo zorro. Decidido a proteger a su pueblo, el emperador convocó a sus dos mejores guerreros, Kazusanosuke y Miuranosuke, para cazar y eliminar al kitsune.

Los dos guerreros persiguieron a Tamamo no Mae sin descanso. A pesar de su astucia y de su capacidad para burlarlos en varias ocasiones, la determinación de Kazusanosuke y Miuranosuke nunca flaqueó. Tras un riguroso entrenamiento e innumerables encuentros, por fin consiguieron acorralarla. Con una puntería precisa, dispararon dos flechas que alcanzaron a la kitsune.

Sin embargo, esto no fue lo último que se supo de Tamamo no Mae. Tras su derrota, su espíritu quedó atrapado en una roca conocida como Sessho-seki, o la Piedra de la Muerte. Se decía que cualquiera lo suficientemente insensato como para tocarla se enfrentaba a la muerte. Esta roca existió durante siglos, pero en 2022 se abrió misteriosamente, haciendo creer a muchos que el espíritu de Tamamo no Mae había sido liberado.

La roca Sessho-seki partida por la mitad [27]

A pesar de su derrota, el destino del Emperador Toba también estaba sellado: sucumbió a su enfermedad no mucho después. La agitación que rodeó a su corte y el caos que siguió a la exposición de Tamamo no Mae contribuyeron a los disturbios que finalmente desembocaron en la guerra de Genpei, una guerra civil que cambió el curso de la historia japonesa.

La historia de Tamamo no Mae es una gran lección sobre cómo las apariencias engañan y cómo el poder y la belleza pueden ocultar intenciones más oscuras. Esta legendaria kitsune, con su encantador disfraz y su malévolo corazón, sigue siendo una de las figuras más cautivadoras y aleccionadoras del folclore japonés. Hoy en día, su leyenda aparece en películas, libros y diversos medios de comunicación, manteniendo su historia viva y relevante.

Su influencia no se limita a Japón. En la historia china, Tamamo no Mae aparece como Da Ji, la famosa concubina del rey Zhou de Shang. Al igual que en Japón, la belleza de Da Ji ocultaba una naturaleza cruel y malévola que trajo grandes desgracias a la dinastía Shang, provocando su caída. Su historia es inquietantemente parecida a la de Tamamo no Mae, y pone de relieve los temas universales del engaño y el poder destructivo de los deseos incontrolados.

El honorable Tanuki

Bajo el sol abrasador, se podía ver a un mercader caminando incansablemente por los bulliciosos mercados. Esperaba vender al menos una de sus mercancías. Sin embargo, sus existencias eran escasas y bastante anticuadas, por lo que nadie parecía interesado en lo que ofrecía. Los días se convirtieron en semanas, y la suerte del mercader no mejoraba. Todas las noches volvía a casa con mercancías sin vender y el corazón apesadumbrado por la preocupación por su futuro.

Un día, mientras caminaba al pie de una montaña, se sintió más desanimado que nunca. El camino lo llevó más allá de un denso bosque, donde los sonidos de la naturaleza parecían hacerse eco de su melancolía. De repente, una serie de desesperados chillidos surcaron el aire. Curioso, el mercader se adentró en el bosque, siguiendo el sonido hasta que encontró a un mapache atrapado en la trampa de un cazador. Su pata trasera estaba atrapada en la trampa de garras afiladas y brillantes, y se retorcía de dolor.

Con buen corazón y manos rápidas, el mercader utilizó todas sus fuerzas para abrir la trampa y liberar al mapache. La criatura, asustada y presa del pánico, se escabulló rápidamente entre los espesos arbustos y desapareció. El mercader, aliviado de que el mapache estuviera a salvo, continuó su camino, con una pequeña sensación de satisfacción que aliviaba su carga.

Pasaron los días y la suerte del mercader no cambió. Mientras recorría su camino habitual, tropezó con una vieja y oxidada tetera abandonada en el suelo. Aunque estaba en mal estado, el mercader le vio potencial. Recogió la tetera con la esperanza de vendérsela a los monjes del cercano templo de Morin-ji. Limpió y pulió la tetera hasta que quedó casi como nueva. La esperanza brillaba en sus ojos mientras se dirigía al templo.

Para su deleite, los monjes del templo Morin-ji necesitaban una tetera para un próximo servicio. El monje principal inspeccionó la tetera y, satisfecho con su aspecto, se la compró al mercader. Por primera vez en muchos días, el comerciante se marchó con una gran sonrisa en la cara, agradecido por la fortuna tan necesaria.

Durante la ceremonia, los monjes no tardaron en notar algo peculiar mientras vertían el té de la tetera. El té se enfriaba casi al instante y tenían que recalentarlo con frecuencia. Además, la tetera parecía retorcerse en la mano del monje cuando estaba caliente, como si estuviera viva. El monje principal estaba descontento, creyendo que el mercader lo había engañado. Así que, al día siguiente, convocó al mercader al templo para que le diera explicaciones.

El inocente mercader llegó y examinó la tetera. "Le prometo, honorable monje, que le he vendido una tetera normal y corriente", dijo con seriedad. "No tiene nada de extraño".

Dejando escapar un suspiro derrotado, el monje prefirió no darle más importancia al asunto. A continuación, invitó al mercader a tomar el té. Entonces, la tetera se puso una vez más al fuego. Al cabo de unos instantes, el metal empezó a sudar. De repente, le brotó una cola peluda, patas peludas y una nariz puntiaguda. Con sólo una mirada, el mercader reconoció inmediatamente a la criatura: era, de hecho, el mapache que había salvado días atrás.

La tetera convertida en mapache los miró con una dulce sonrisa. "Gracias por liberarme", dijo el mapache. "Quería devolverte tu amabilidad convirtiéndome en una tetera que pudieras vender. Pero ser quemado y pulido era insoportable. No podía mantener mi forma".

La tetera tanuki

El monje y el mercader se rieron, impresionados por el intento de honor del mapache. Ambos habían oído hablar de mapaches metamorfos conocidos por sus travesuras. Sin embargo, la historia de este mapache era diferente: quería ayudar de verdad. A partir de ese día, el mapache se convirtió en un apreciado invitado del templo Morin-ji. Entretenía a los monjes con sus cuentos y trucos, alegrando incluso a los más gruñones. El mercader también lo visitaba a menudo, compartiendo té preparado en una tetera normal, agradecido por la amistad de la mágica criatura.

La historia del mapache se extendió por todas partes, atrayendo visitantes al templo Morin-ji. La gente acudía en masa para ver al famoso mapache que cambiaba de forma y escuchar la historia de su bondad y transformación. El templo Morin-ji, situado en la prefectura de Gunma, se hizo famoso no sólo por su importancia histórica, sino también por esta encantadora leyenda. La historia se ha transmitido de generación en generación y es un recordatorio eterno de las recompensas inesperadas de la bondad y las posibilidades mágicas que residen en el corazón del folclore japonés.

El mito de Shuten Doji, el rey de los oni

El siguiente mito tuvo lugar durante el reinado del emperador Ichijo (el sexagésimo sexto emperador de Japón). En esa época, los japoneses estaban plagados de noticias sobre jóvenes mujeres que desaparecían misteriosamente. Estas mujeres, a menudo conocidas por su belleza y pureza, desaparecían sin dejar rastro. A medida que aumentaba el número de desapariciones, la corte buscó el consejo del Onmyōdō imperial.

Tras realizar intrincados rituales, el adivino reveló una escalofriante verdad: las mujeres no estaban simplemente desaparecidas, sino que habían sido raptadas por un grupo de temibles demonios conocidos como oni. Estos oni habían establecido su fortaleza en el monte Oe, donde se deleitaban con sus maldades. En la mitología japonesa, los oni suelen ser representados como grandes y temibles criaturas con afiladas garras, pelo salvaje y cuernos que sobresalen de sus cabezas. Son famosos por su fuerza y maldad, y a menudo provocan el caos y la destrucción donde quiera que vayan.

Decidida a poner fin a los raptos, la corte imperial convocó a sus guerreros más poderosos, liderados por Minamoto no Raiko, un renombrado héroe de su tiempo.

Sin dudarlo, Raiko y su grupo de guerreros se embarcaron en un viaje para eliminar la amenaza oni en el monte Oe. Antes de comenzar su cacería, visitaron tres importantes santuarios de la región de Kansai para buscar las bendiciones de los dioses. El propio Raiko visitó Iwashimizu Hachimangū en Kioto, el templo dedicado a Hachiman, dios de la guerra y deidad patrona del popular clan Minamoto.

Comprendiendo el peligro de un asalto directo a los oni, Raiko y sus hombres optaron por disfrazarse de yamabushi, monjes ascetas o ermitaños que habitaban en las profundidades de las montañas. Los yamabushi, practicantes del Shugendō, eran respetados por sus proezas espirituales y vivían en armonía con la naturaleza y lo sobrenatural. Así, vestidos de monjes, Raiko y sus guerreros se dirigieron al monte Oe, donde se encontraron con tres ancianos.

Una estatua de un oni en Japón [39]

Sin presentarse, los ancianos facilitaron a Raiko valiosa información sobre la fortaleza de los oni. Le advirtieron a Raiko que tuviera mucho cuidado con el líder de los oni, Shuten Doji, cuyo nombre significa literalmente "Demonio Borracho". Shuten Doji era el más fuerte y temible de su especie, por lo que derrotarlo requeriría la intervención divina.

Los ancianos le entregaron a Raiko un frasco de sake mágico y un casco irrompible. Raiko, al contemplar los objetos obsequiados por los misteriosos ancianos, supo de inmediato que aquellos sabios no eran seres humanos normales, sino las deidades a las que él y sus hombres habían rezado anteriormente. Los guerreros se inclinaron profundamente, agradeciéndole a los dioses antes de continuar con su misión.

A medida que se acercaban a la montaña, Raiko y sus guerreros se encontraron con una joven doncella junto a un río, lavando un paño manchado de sangre. La doncella, una de las víctimas de los oni, reveló que la tela pertenecía a otra cautiva que había sido devorada por los demonios. Al enterarse de la misión de los guerreros, les dio indicaciones detalladas para llegar al palacio de Shuten Doji.

Al llegar al palacio, los guerreros fueron vistos casi de inmediato por un grupo de oni. En un principio, estos monstruosos demonios planeaban devorarlos enteros. Sin embargo, uno de los oni sugirió que primero presentaran a los forasteros ante Shuten Doji, temiendo la ira de su líder si actuaban precipitadamente. Los guerreros disfrazados fueron llevados ante el rey demonio, que expresó su sorpresa por su llegada.

"Ningún humano ha encontrado este lugar", gruñó Shuten Doji. "¿Cómo han llegado hasta aquí?".

Raiko, aprovechando la oportunidad, respondió con calma: "Somos seguidores de un gran monje que una vez recorrió estos senderos y trazó un camino hacia tu palacio. Nuestras enseñanzas nos obligan a entablar amistad con los demonios".

Intrigado pero aún desconfiado, Shuten Doji invitó a los guerreros a pasar la noche. Para probar su sinceridad, les ofreció sake hecho con la sangre de las nobles doncellas y una porción de carne humana. Raiko y sus hombres, aunque horrorizados, fingieron disfrutar de las ofrendas, explicando que su secta les exigía aceptar cualquier regalo de los demonios. Convencido por su actuación, Shuten Doji bajó la guardia.

Esa noche, Raiko vio su oportunidad. Ofreció a Shuten Doji y a los demás el sake mágico regalado por los dioses. Para ganarse su confianza, Raiko bebió primero un poco, sabiendo que era inofensivo para los humanos. Shuten Doji y sus camaradas, incapaces de resistirse, bebieron el sake con avidez. La bebida encantada dejó impotentes a los demonios, que se desmayaron.

Con los oni incapacitados, Raiko y sus hombres se despojaron de sus disfraces de yamabushi y desenvainaron sus armas. Lanzaron un feroz asalto contra los demonios dormidos, matándolos uno a uno. Raiko, con el yelmo divino, se coló en la cámara de Shuten Doji y apuntó su espada a la garganta del rey demonio. Con un rápido y limpio tajo, cortó la cabeza de Shuten Doji. Sin embargo, la batalla no había terminado. La cabeza decapitada de Shuten Doji, que aún se aferraba a lo que le quedaba de vida, voló hacia Raiko en un intento desesperado por arrancarle la cabeza de un mordisco. Gracias al casco irrompible, Raiko se salvó. La cabeza finalmente cayó sin vida, marcando el final del reinado de terror del demonio.

Con Shuten Doji y sus secuaces derrotados, Raiko y sus guerreros liberaron a las jóvenes cautivas y las llevaron de vuelta a Kioto. En la ciudad, fueron celebrados como héroes. Según algunas fuentes, Raiko planeó inicialmente llevar la cabeza cortada de Shuten Doji a la capital, pero las señales divinas desaconsejaron traer nada impuro a la ciudad, por lo que decidió enterrarla.

Capítulo 6 - Susurros del mar y canciones del río

El agua siempre ha tenido un profundo significado en la cultura japonesa, venerada como fuente de vida y sustento. Desde la antigüedad, los japoneses han valorado el agua no sólo por sus propiedades vitales, sino también por sus significados espirituales y simbólicos. Este profundo respeto se hace evidente en varios aspectos de su vida cotidiana, rituales y, sobre todo, en su folclore.

En los primeros tiempos de Japón, el agua era venerada como un elemento divino. Los numerosos ríos, lagos y océanos del país eran vistos como moradas de dioses y espíritus. La agricultura, principal medio de vida para muchos, dependía en gran medida del flujo regular de agua. La práctica del cultivo del arroz, que se convirtió en un elemento central de la sociedad japonesa, es un claro reflejo de la dependencia del agua. Los cuidadosos sistemas de irrigación diseñados para cultivar los arrozales muestran la meticulosa relación que los japoneses mantenían con las fuentes de agua.

Esta reverencia por el agua también es evidente en la tradicional ocupación de ama, a menudo llamadas las "Sirenas de Mie". Estas extraordinarias mujeres, conocidas por su destreza en la apnea, llevan más de dos mil años recolectando marisco, algas y, sobre todo, perlas de las profundidades del océano. La íntima conexión de las buceadoras ama con el mar encarna el profundo respeto y la simbiótica relación del pueblo japonés con el agua. Su capacidad para bucear sin equipo moderno -ni siquiera tanques de oxígeno- y confiar en el control de la respiración y la resistencia es una marca de la resistencia humana y un reconocimiento de las misteriosas y vivificantes propiedades del océano.

Buzos Ama, c. 1921[80]

Sin embargo, el significado del agua va más allá de ser fuente de vida. En la cultura japonesa, el agua también sirve de puente entre mundos. Muchos mitos y leyendas japoneses giran en torno a las masas de agua como puertas a otros reinos, lugares de misterio y zonas de peligro. Ríos, lagos y océanos no son sólo entidades físicas, sino que están imbuidos de dimensiones espirituales y sobrenaturales.

Esta dualidad del agua como dadora de vida y puerta a lo desconocido es fundamental en muchos mitos acuáticos. El agua es un dominio donde moran espíritus benévolos que ofrecen protección y bendiciones, pero también donde acechan malévolas criaturas que suponen un peligro para los incautos. La íntima relación del pueblo japonés con el agua está reflejada en su folclore, repleto de historias de dioses del mar, reyes dragón y espíritus que habitan las aguas. La primera leyenda en la que vamos a profundizar es la más popular: La Historia de Urashima Taro.

Las dos versiones de Urashima Taro, el hombre que visitó el Palacio del Dragón

La historia comienza en un tranquilo pueblo costero, lejos del interminable ruido de las ajetreadas ciudades de Japón. Allí vivía un pescador de buen corazón llamado Urashima Taro. Era muy querido por los aldeanos debido a su carácter afable y su voluntad de ayudar a los demás. Todos los días, Taro salía en su pequeña barca a pescar en el brillante mar azul y mantenía a su familia y a sus vecinos con lo que pescaba.

Una mañana soleada, mientras Taro paseaba por la playa, vio a un grupo de niños reunidos en torno a algo. Al acercarse, se dio cuenta de que estaban atormentando a una pequeña tortuga, pinchándola con palos y riéndose de sus intentos de escapar. El corazón de Taro se compadeció de la pobre criatura y se apresuró a intervenir.

Urashima Taro impide que los niños jueguen con la tortuga [81]

"¡Basta ya!", gritó, agitando los brazos para ahuyentar a los niños. "¿Cómo pueden ser tan crueles con esta inocente tortuga?". Los niños, asustados por la voz severa de Taro, se dispersaron y echaron a correr. Con cuidado, Taro levantó a la tortuga, notando su cuerpo tembloroso y sus ojos asustados.

"No te preocupes, pequeña", dijo suavemente. "Ahora estás a salvo". Llevó a la tortuga hasta la orilla del agua y la dejó suavemente sobre la arena. La tortuga lo miró, como dándole las gracias, y se adentró lentamente en el mar. Tal vez contento con ver a la pequeña tortuga salvada y libre de daños, Urashima Taro sonrió y siguió con su día como de costumbre.

Al día siguiente, Taro salió a pescar desde su barca. De repente, vio una tortuga nadando en su dirección. Inmediatamente reconoció a la criatura: era la misma tortuga que había salvado ayer. Sin embargo, para su asombro, la tortuga empezó a hablar.

"Amable pescador, soy la tortuga que salvaste ayer", le dijo. "Te agradezco tu amabilidad y deseo devolvértela. Por favor, ven conmigo al Palacio del Dragón bajo el mar, donde la bella princesa Otohime desea agradecértelo personalmente".

Aunque sorprendido, Taro sintió deseos de aventura y aceptó. Tras darle al pescador un par de branquias, la tortuga le indicó que se subiera a su lomo. Luego, con un remolino mágico, se sumergieron bajo las olas. Taro se maravilló del mundo submarino que lo rodeaba, lleno de arrecifes de coral, bancos de peces y fantásticas criaturas marinas.

Pronto llegaron al Palacio del Dragón, una magnífica estructura hecha de coral y perlas, que brillaba con una luz celestial. Taro fue conducido al interior, donde fue recibido por la princesa Otohime, la mujer más hermosa que jamás había visto. Su pelo fluía como el ébano, y sus ojos brillaban como el gran océano.

"Bienvenido, Urashima Taro", le dijo con una cálida sonrisa. "Gracias por salvar a la tortuga. Por favor, quédate con nosotros y disfruta de las maravillas de nuestro palacio".

Taro fue agasajado con un gran banquete, con la comida y la bebida más deliciosas que jamás había probado. Fue entretenido por elegantes bailarinas y música encantadora, y durante lo que parecieron días, experimentó las alegrías del Palacio del Dragón. La princesa Otohime pasó mucho tiempo con él, y Taro se enamoró de su naturaleza amable y de su belleza. Sin embargo, a pesar del paraíso que lo rodeaba, Taro empezó a echar de menos a su familia y su aldea. Se acercó a la princesa Otohime y le expresó su deseo de volver a casa.

"Lo entiendo", dijo ella, con los ojos llenos de tristeza. "Pero antes de que te vayas, quiero hacerte un regalo". Le entregó una hermosa caja lacada atada con un cordón de seda. "Este es el tamatebako, un detalle para que me recuerdes. Guárdalo cerca de ti, pero, por favor, no lo abras".

Entonces, con el corazón entristecido, Taro le dio las gracias a la princesa y se subió al lomo de la tortuga, que lo llevó rápidamente de vuelta a la orilla. Taro pisó la misma playa donde había salvado a la tortuga, pero algo le pareció diferente. El pueblo en el que había vivido toda su vida parecía alterado, y la gente le resultaba desconocida. Tras preguntar a unos desconocidos qué le había ocurrido a su querida aldea, Taro no tardó en darse cuenta de que habían pasado muchos años desde que se había marchado; unos cuantos siglos, como mínimo. Su familia y sus amigos se habían ido hacía tiempo, y todo lo que había conocido había cambiado.

Angustiado y confundido, Taro recordó el tamatebako. Creyendo que podría contener la respuesta a su apuro, desató el cordón de seda y abrió la caja. Al hacerlo, una espesa nube de humo blanco lo envolvió, y de repente se sintió débil y cansado. Su pelo se volvió blanco y aparecieron arrugas en su piel. Cuando el humo se disipó, Taro descubrió que había envejecido rápidamente, convirtiéndose en un anciano en un instante.

Urashima Taro envejeciendo tras abrir el tamatebako [88]

Resultó que la magia del Palacio del Dragón lo había mantenido joven, pero una vez abierta la caja, el tiempo lo alcanzó. Solo ahora recordaba la advertencia de la princesa Otohime de no abrir la caja, pero ya era demasiado tarde. Con una mezcla de pena y aceptación, Taro se sentó en la orilla, contemplando el vasto océano. Aunque su sueño de aventura se había hecho realidad, también había perdido mucho.

La leyenda de Urashima Taro es un cuento popular que señala el paso del tiempo y la fugacidad de la vida, instándonos a apreciar cada momento y a las personas que amamos. Sin embargo, existe una versión más antigua del cuento, recogida en el Otogi Bunko durante el periodo Muromachi, que se centra más en el tema del amor.

En esta versión, Urashima Taro no es sólo un pescador de buen corazón, sino un joven que se enamora profundamente de Otohime, la bella hija del Rey Dragón del Mar. La historia comienza con Taro saliendo a pescar una mañana. Al lanzar el sedal, siente un fuerte tirón y atrapa una magnífica tortuga. Asombrado por su tamaño y belleza, Taro contempla su captura, pero finalmente decide devolverla al océano, mostrando compasión y respeto por la criatura.

Al día siguiente, cuando Taro volvió a pescar, se encontró con una hermosa mujer que decía ser la tortuga que había salvado. Expresando su gratitud, y tal vez atraída por el hombre de buen corazón, le propuso casarse e invitó a Taro a acompañarla.

"Cierra los ojos", le dijo al pescador.

Urashima Taro y la princesa.[88]

Unos instantes después, Taro abrió los ojos y vio que se acercaban a la legendaria isla del monte Horai, la mítica montaña donde el emperador chino Qin Shi Huang creyó una vez que se escondía el elixir de la vida. Allí, Taro se dio cuenta de que la mujer era una princesa conocida como Kamehime. Desde allí, la princesa llevó a Taro a ver a sus padres antes de celebrar una ceremonia en la que se casaron.

A partir de ese momento, la historia sigue de cerca la versión moderna. Taro disfrutó de una vida de lujos con su esposa durante tres años, hasta que acabó echando de menos su hogar. Como la sensación de echar de menos su hogar se hizo más fuerte, decidió volver a casa sólo por un tiempo para visitar a sus padres. Inicialmente, la princesa Kamehime se enfadó. "¿Cómo puedes aguantar un día sin mi presencia cuando yo no puedo vivir ni un segundo sin verte?".

Sin embargo, sabiendo que nada podría detener a su marido, cedió. Le dio a Taro una caja de peines con joyas. "Espero que no te olvides de mí, y si alguna vez quieres volver, sujeta bien esta caja. Pero recuerda no abrirla nunca".

El final de esta versión, sin embargo, es el mismo. Sumido en la tristeza en cuanto supo que habían pasado trescientos años y que su aldea, antaño familiar, no era más que cosa del pasado, Taro vagó por la aldea, lamentando la pérdida de todo y de todos los que una vez había conocido. En su desesperación, Taro aferró la caja de peines con joyas que Otohime le había dado. Pensó en ella y en lo mucho que la echaba de menos. Abrumado por su deseo de volver a verla, olvidó su promesa y decidió abrir la caja.

Taro envejeció rápidamente, su juventud se desvaneció en un instante. Al darse cuenta de su error, comprendió que nunca volvería a ver a su amada Otohime. La caja, destinada a simbolizar su vínculo eterno, se había convertido en el instrumento de su separación definitiva.

Kappa, una criatura parecida a una tortuga en los ríos

Los orígenes de los kappa son tan turbios como los ríos que habitan. Algunos creen que la primera mención de un kappa data de un texto del siglo VIII, que describía una "deidad fluvial". Esto sugiere que los kappa han formado parte del mundo espiritual de Japón durante más de un milenio. Otra teoría, sin embargo, es mucho más oscura. En la antigüedad, se decía que las familias que no podían cuidar de sus bebés recién nacidos, a menudo debido a la pobreza o la discapacidad, los arrojaban al río. Se creía que estas almas abandonadas se transformaban en kappa, acechando para siempre las aguas donde eran desechadas.

Una representación de un kappa [54]

Los ríos, estanques y lagos son el terreno de juego, caza y hogar de los kappa. Físicamente, los kappa tienen el tamaño de un niño pequeño, pero su aspecto es todo menos inocente. Tienen piel de reptil escamosa y, a veces, peluda, manos y pies palmeados, un pico como boca y un caparazón en la espalda. Sin embargo, su rasgo más distintivo es la hendidura hueca en la parte superior de la cabeza, que contiene agua. Si el agua se derrama o se seca, el kappa se vuelve débil e impotente, casi incapaz de moverse hasta que la cavidad se vuelva a llenar con agua de su hogar.

A pesar de su vulnerabilidad, los kappa son conocidos por su comportamiento travieso y a menudo malévolo. Acechan cerca del agua, a la espera de abalanzarse sobre víctimas desprevenidas. Sus travesuras pueden ser desde inofensivas, como mirar bajo los kimonos de las mujeres, hasta mortales, como ahogar a personas y animales, secuestrar niños e incluso consumir carne humana. Los kappa también tienen fama de atormentar a los animales, sobre todo a caballos y vacas. En una historia, un kappa fue sorprendido robando caballos y se vio obligado a escribir un juramento de no volver a hacerle daño a los humanos.

Los kappa tienen una peculiar obsesión por la cortesía. Si se hace una reverencia a un kappa, éste se siente obligado a devolver el gesto. Esta peculiaridad ha sido utilizada para burlarlos, como se ve en la historia de un luchador de sumo que fue desafiado por un kappa. Conociendo la debilidad del kappa, el luchador aceptó su desafío a un combate de sumo. En la lucha de sumo, es costumbre inclinarse ante el oponente al comienzo de un combate, mostrando respeto y reconociendo la próxima contienda. Así, mientras se preparaban para luchar, el luchador hizo una profunda reverencia. El kappa, impulsado por su compulsión a la cortesía, devolvió instintivamente la reverencia, haciendo que el agua de su cabeza se derramara. Debilitado al instante, el kappa perdió su fuerza, lo que le permitió al luchador dominarlo y derrotarlo con facilidad.

Los kappa también tienen brazos desmontables y, si se les arranca un brazo, suelen hacer favores o revelar valiosos secretos para recuperarlo. Esta característica pone de relieve su naturaleza paradójica: poderosos, pero fáciles de dominar por aquellos que entienden sus peculiaridades. Además, los kappa sienten una gran aversión por el hierro. Se agitan cuando caen objetos de hierro al agua y pueden ser repelidos por quienes los transportan. Algunos relatos cuentan que los kappa ofrecen recompensas a quienes los ayuden a sacar objetos de hierro de su hábitat acuático. Esta peculiar combinación de vulnerabilidades físicas y aversiones específicas añade profundidad al carácter de los kappa, convirtiéndolos en entidades tanto temibles como accesibles, dependiendo de los conocimientos y el enfoque de cada uno.

Curiosamente, los kappa sienten especial predilección por los pepinos, que a menudo se utilizan para apaciguarlos. En el antiguo Tokio, las familias escribían sus nombres en pepinos y los hacían flotar río abajo para mantener a raya a los kappa. Algunos incluso creían que comer pepinos antes de nadar los protegería de los ataques de los kappa, aunque las opiniones sobre esta práctica varían.

A pesar de su amenazadora reputación, los kappa no son del todo malévolos. Si se los trata con amabilidad, pueden convertirse en aliados leales. Pueden ayudar a los granjeros a regar sus campos o traer pescado fresco como regalo, lo que se considera un signo de buena fortuna. También se dice que los kappa poseen grandes conocimientos de medicina. Según las leyendas, los kappa eran expertos en el arte de tratar huesos rotos y articulaciones dislocadas. Se dice que tenían un profundo conocimiento de la anatomía humana y la capacidad de realinear huesos con notable precisión. Algunos creen incluso que fueron los kappa quienes les enseñaron estas habilidades a los primeros practicantes de la medicina tradicional japonesa. Este conocimiento del ajuste de los huesos, conocido ahora como sekkotsu, se convirtió en parte fundamental de las prácticas médicas japonesas, sobre todo entre los curanderos de las aldeas y los especializados en lesiones de artes marciales.

Debido a su compleja naturaleza, los kappa son venerados a veces como deidades del agua. Se pueden encontrar santuarios dedicados a los kappa en varias regiones, incluidas las prefecturas de Aomori y Miyagi. Los festivales destinados a apaciguar a los kappa y asegurar una cosecha abundante continúan hasta nuestros días, reflejando su perdurable importancia en la cultura japonesa.

La historia de Hoori y Toyotama-hime

En la antigüedad, cuando los mundos terrestre y marino estaban más cerca que ahora, vivía un joven cazador llamado Hoori. Un día, mientras pescaba, Hoori perdió el preciado anzuelo de su hermano mayor Hoderi. Desesperado por encontrarlo, decidió visitar Ryūgū, el majestuoso palacio submarino del dios del mar, con la esperanza de pedir permiso para registrar sus terrenos.

Mientras Hoori paseaba por los encantadores jardines de Ryūgū, se cruzó con una hermosa mujer junto a un pozo. Se trataba de Toyotama-hime, la hija del dios del mar. Sus miradas se cruzaron y se encontraron tan cautivadores que rápidamente se enamoraron y pronto se casaron.

Durante tres años, Hoori vivió felizmente con Toyotama-hime en el palacio submarino, pero a medida que pasaba el tiempo, recordaba su búsqueda del anzuelo perdido. Su añoranza por el anzuelo fue en aumento, y cada vez se sentía más abatido. Al ver el dolor de su marido, Toyotama-hime le confió a su padre la difícil situación de Hoori.

El dios del mar convocó entonces a Hoori y le preguntó: "¿Qué te preocupa, hijo mío?".

"He perdido el anzuelo de mi hermano y no puedo volver sin él", respondió Hoori con tristeza.

Decidido a ayudar, el dios del mar convocó a todos los peces del océano. "¿Alguno de ustedes ha visto un anzuelo perdido?", preguntó. Un gran pez tai nadó inmediatamente hacia delante y confesó: "Tengo algo alojado en la garganta que me ha causado un gran dolor". Cuando el dios del mar lo inspeccionó, encontró el anzuelo perdido de Hoori.

El dios del mar le entregó el anzuelo a Hoori. "Aquí tienes lo que buscas. Tómalo y vuelve a tu mundo. Pero debes saber esto: También bendeciré tus campos con lluvia y prosperidad mientras se la niego a tu hermano".

El dios del mar le regaló a Hoori dos joyas mágicas, el manju y el kanju, que controlan las mareas. "Te protegerán de la ira de tu hermano", le dijo. Acto seguido, el dios del mar puso a Hoori sobre el lomo de un enorme dragón, que lo transportó rápidamente de vuelta al mundo de la superficie.

Fiel a la palabra del dios del mar, los campos de Hoori florecieron, mientras que las cosechas de Hoderi se marchitaron. Furioso y envidioso, Hoderi atacó a Hoori, pero éste subió la marea con las joyas mágicas, ahogando a su hermano. Sólo cuando Hoderi juró sumisión eterna, Hoori bajó la marea, perdonándole la vida.

Durante este tiempo, Toyotama-hime quedó embarazada de Hoori. Cuando llegó su hora, ella y su hermana Tamayori-hime viajaron a la superficie en el lomo de una tortuga gigante. "Hoori, por favor, constrúyeme una cabaña de parto con techo de plumas de cormorán junto a la orilla", le pidió.

Hoori se apresuró a construir la cabaña, pero Toyotama-hime comenzó el parto antes de que estuviera terminada. Entró en la cabaña inacabada y se volvió hacia Hoori. "Para dar a luz, debo volver a mi forma natural. Prométeme que no me mirarás", suplicó.

Como era de esperar, a Hoori le picó la curiosidad. Incapaz de resistirse, se asomó al interior de la cabaña y vio a Toyotama-hime en su verdadera forma: un enorme wani, un dragón marino, retorciéndose y arrastrándose.

Avergonzada y desconsolada por haber visto su verdadera forma, Toyotama-hime decidió que no podía seguir en la tierra de los humanos. A pesar de su amor por Hoori, regresó al mar, dejando atrás a su hijo recién nacido. Antes de partir, cerró el camino entre la tierra y el mar, separando para siempre sus mundos.

Toyotama-hime se sintió traicionada, pero su amor por Hoori perduró. Así que le pidió a su hermana, Tamayori-hime, que cuidara del niño. "Cuida de él por mí", le dijo, con la voz teñida de tristeza.

Tamayori-hime crió al niño, al que llamaron Ugayafukiaezu. Cuando creció, se casó con Tamayori-hime, y juntos tuvieron cuatro hijos. Uno de sus hijos se convertiría en el legendario emperador Jimmu, el primer emperador de Japón, símbolo del vínculo duradero entre los mundos de la tierra y el mar.

Las historias de Urashima Taro, el kappa, y Hoori y Toyotama-hime están llenas de lecciones sobre el respeto a la naturaleza, los peligros de la codicia y las virtudes de la compasión y la valentía. El viaje de Urashima Taro nos recuerda que la vida es efímera y que debemos apreciar el mundo que nos rodea. El kappa, con su mezcla de travesura y peligro, muestra que comprender y respetar la naturaleza puede conducir a la armonía. El cuento de Hoori y Toyotama-hime subraya cómo todos los seres vivos están conectados y la importancia de respetar los misterios de la naturaleza.

Estas historias también advierten sobre la codicia. La curiosidad de Urashima Taro, que lo lleva a abrir el tamatebako y envejecer al instante, sirve de advertencia contra la tentación. El uso que hace Hoori de las joyas que controlan las mareas, hasta el punto de estar dispuesto a ahogar a su hermano, ilustra el potencial destructivo de la codicia. Sin embargo, entre estas advertencias, también hay historias de bondad y valentía. El acto de bondad de Urashima Taro le vale un viaje mágico, mientras que el kappa puede convertirse en un aliado útil cuando se lo trata respetuosamente. El valiente viaje de Hoori y su amor por Toyotama-hime también reflejan el valor necesario para tender puentes entre mundos diferentes.

Estos cuentos reflejan el profundo respeto que la cultura japonesa siente por el agua. Como nación insular, la historia, la cultura y la vida cotidiana de Japón están estrechamente ligadas al mar, los ríos y los lagos. Estos cuentos nos hacen recordar que debemos mantener la armonía con la naturaleza, vivir con compasión y valentía, y respetar las aguas que nos dan la vida.

Capítulo 7 - Aventuras y leyendas en la naturaleza

Dos hombres, cansados y perdidos, caminaban penosamente por el denso bosque mientras caía la noche. A medida que el aire se enfriaba y los sonidos del bosque se hacían más inquietantes, la desesperación de los hombres por encontrar refugio empeoraba. Tropezaron con una pequeña cabaña.

Al llamar a la puerta, fueron recibidos por una anciana, con sus nudosas manos ocupadas en hilar hilo.

"Por favor, buena señora, ¿podemos pasar aquí la noche?", preguntó uno de los hombres con voz temblorosa.

La anciana los miró con los ojos entrecerrados. "Mi choza es pequeña y modesta", dijo. "No es apta para hombres vestidos tan bien como ustedes".

"Se lo rogamos", imploró el otro hombre. "El bosque es peligroso y tememos por nuestras vidas. No pedimos más que un rincón donde descansar hasta el amanecer".

La anciana suspiró, un sonido profundo y resignado. "Muy bien", dijo de mala gana. "Pero prométanme una cosa. No abrirán, bajo ningún concepto, la puerta de la habitación interior".

"Tienes nuestras palabras", corearon los hombres, con el alivio inundando sus rostros.

Con el paso de las horas, la anciana salió, dejando a los hombres solos en la choza poco iluminada. La curiosidad los corroía. ¿Qué podía ser tan valioso para que la anciana lo guardara con tanto celo? Intercambiaron miradas furtivas. Incapaces de resistirse, se acercaron de puntillas a la puerta prohibida. Sin hacer ruido, la abrieron una rendija y se asomaron al interior.

Sus rostros palidecieron de horror. En la habitación había montones de cadáveres y huesos antiguos, los espantosos restos de quienes les habían precedido. Los hombres cerraron rápidamente la puerta, con el corazón palpitando de miedo. Recogieron sus pertenencias, pero cuando se dirigían hacia la puerta, oyeron que la anciana regresaba. Ella percibió inmediatamente su traición. Su forma empezó a cambiar: le brotaron cuernos de la frente y sus colmillos brillaron bajo la luz de la luna. La legendaria Yamamba, la bruja de la montaña, estaba ante ellos.

Representación de Yamamba (también deletreado Yama-uba) [85]

"Rompieron su promesa", gruñó con voz gutural.

Aterrorizados, los hombres salieron corriendo de la cabaña a toda la velocidad que les permitían sus piernas. Recitaron sutras, esperando que el poder benévolo de Buda los protegiera. Yamamba los persiguió, con su rabia palpable, pero las plegarias de los hombres parecieron frenarla.

A medida que se acercaban a los límites de la aldea, la bruja se vio obligada a retroceder. La tierra sagrada de la aldea estaba fuera de su alcance, y se fundió de nuevo en las sombras de las montañas.

Con la respiración agitada, los hombres se desplomaron a las afueras de la aldea, por fin a salvo. Habían escapado por los pelos de la ira de la bruja.

La naturaleza de Yamamba era bastante compleja. No era ni puramente malvada ni bondadosa. Aunque mataba a quienes incumplían sus promesas, también era conocida por ayudar a los humanos, como muchas otras criaturas míticas de las creencias japonesas. Agricultores y tejedores hablaban de su ayuda en el trabajo, una fuerza misteriosa que a veces jugaba a su favor.

Este cuento, como muchos otros, revela las indómitas montañas, bosques y zonas rurales de Japón. Estos lugares salvajes estaban llenos de sorpresas y albergaban espíritus y seres sobrenaturales que custodiaban o rondaban los terrenos. Algunas personas evitaban aventurarse demasiado en lo desconocido, mientras que otras buscaban la emoción de la aventura. Las madres les advertían a sus hijos que se mantuvieran alejados de estos lugares y que, si alguna vez se perdían en los bosques o en la naturaleza, respetaran siempre el entorno para no enfadar a los espíritus (kami) que habitaban en él.

Otro relato de lo indómito escrito en el siglo XI ofrece una historia más conmovedora. Comienza en un pequeño pueblo llamado Kamiide, que se cree que está en la provincia de Suruga. La historia gira en torno a un joven llamado Yosoji. Su pueblo había sufrido una devastadora epidemia de viruela, y entre los afectados estaba su madre. Su estado empeoraba cada día, y a Yosoji le dolía el corazón al verla sufrir.

Desesperado por encontrar una cura, Yosoji buscó a un adivino, esperando un milagro. La vieja vidente escuchó su difícil situación y, tras un momento de profunda reflexión, habló. "Hay un arroyo al pie del monte Fuji", dijo. "Sus aguas tienen el poder de curar enfermedades. Llévale esta agua a tu madre y se recuperará".

Al día siguiente, lleno de esperanza, Yosoji emprendió su viaje. Cuando se adentró en el bosque, se encontró con tres caminos diferentes. Cada uno parecía igual de probable, pero no tenía ni idea de cuál tomar. La descripción dada por la adivina había sido vaga, dejando a Yosoji confuso.

En ese momento, una joven vestida de blanco salió de entre los arbustos y se acercó a él. "¿Estás perdido?", le preguntó con voz suave y tranquilizadora.

Yosoji, aunque desconcertado por su repentina aparición, sintió un atisbo de esperanza. "Necesito encontrar un arroyo al pie del monte Fuji", explicó. "Es para mi madre; está muy enferma".

La chica sonrió suavemente. "Sígueme", dijo. "Conozco el camino".

Yosoji la siguió y pronto llegaron al pequeño arroyo del que había hablado la adivina. La muchacha se quedó parada mientras Yosoji metía con cuidado un poco de agua en una cantimplora. "Gracias", dijo, con el corazón henchido de gratitud.

Se apresuró a regresar a su aldea y le dio el agua a su madre. Pasaron los días y su estado empezó a mejorar. La alegría de Yosoji no tenía límites, pero sabía que su tarea aún no había terminado. Regresó al bosque, con la esperanza de volver a encontrar a la chica.

En el cruce de los tres caminos, la vio una vez más. Ella lo saludó con una sonrisa serena. "Vuelve aquí dentro de tres días", le ordenó. "Debes hacer cinco viajes al arroyo para curar a todo el pueblo".

Yosoji asintió y siguió fielmente sus instrucciones. En cada viaje, recogía más agua y la salud de los aldeanos mejoraba. Al final del quinto viaje, la epidemia de viruela había sido derrotada y el pueblo se llenó de celebraciones. Los aldeanos le dieron las gracias a Yosoji por su valentía y determinación.

El espíritu mostrándole a Yosoji el arroyo [86]

Sabiendo que debía su éxito a la chica de blanco, Yosoji regresó al bosque con la esperanza de verla por última vez. Pero cuando llegó al arroyo, lo encontró seco y la muchacha no aparecía por ninguna parte. Se arrodilló junto al lecho seco y rezó, pidiendo que se dejara ver para poder expresarle su gratitud.

Como en respuesta a sus plegarias, la muchacha apareció. El corazón de Yosoji saltó de alegría. "Gracias por todo", le dijo sinceramente. "¿Puedo saber tu nombre para decirles a los aldeanos quién es nuestra verdadera salvadora?".

La chica sonrió, con un brillo misterioso en los ojos. "Mi nombre no es importante", respondió amablemente. "Adiós, Yosoji".

Y con eso, balanceó una rama de camelia sobre su cabeza. Una escena mágica se desplegó ante los ojos de Yosoji: una nube descendió del monte Fuji y la envolvió. La nube la elevó hacia el cielo, revelando su verdadera identidad. No era otra que Konohanasakuya-hime, la diosa del monte Fuji.

Yosoji observó con asombro cómo ascendía mientras su presencia divina iluminaba la noche. Regresó a la aldea con la historia de su milagrosa salvadora, eternamente agradecido por la bondad de la diosa.

No todas las historias de lo indómito se contaban para infundir miedo. Esta leyenda del monte Fuji y la benévola kami Konohanasakuya-hime ejemplifica las maravillas y sorpresas que depara la naturaleza.

La trágica leyenda de Yamato Takeru

Desde los primeros días de su juventud, el príncipe Ousu, más tarde conocido como Yamato Takeru, había estado rodeado de un sentido del destino. Como hijo menor del emperador Keikō y de la señora mayor de Inabi, fue criado a la sombra del linaje divino del clan Yamato, de quien se decía que descendía de la diosa del sol Amaterasu.

Un fatídico día, el príncipe Ousu cometió un acto que alteraría su vida para siempre. En un arrebato de ira o quizá por un retorcido sentido de la justicia, mató a su hermano. Este acto de fratricidio proyectó una oscura sombra sobre su carácter e infundió un miedo profundamente arraigado en su padre. El emperador Keikō, creyendo que su hijo albergaba una naturaleza peligrosa y malévola, optó por no castigarlo directamente, sino que lo envió a una peligrosa misión.

"Ve a la tierra de los Kumaso", decretó el emperador, con voz fría e inflexible. "Sofoca su rebelión o muere en el intento".

Los Kumaso eran feroces guerreros que se negaban a someterse al dominio central del clan Yamato. Sus jefes eran temidos por su fuerza y brutalidad. Era una misión que parecía casi segura de fracasar, una tarea diseñada para librar al emperador de su problemático hijo. Sin inmutarse, el príncipe Ousu aceptó el desafío, decidido a demostrar su valor.

Antes de partir, viajó al santuario sagrado de Ise en busca de la bendición de Amaterasu. Allí conoció a su tía, la gran sacerdotisa del santuario de Ise. Ella vio la agitación en sus ojos y la carga que llevaba. "Toma esta túnica", le dijo, entregándole una exquisita prenda de seda. "Te traerá suerte y te protegerá en tu viaje".

Con su esposa, la princesa Ototachibana, y unos pocos seguidores leales, el príncipe Ousu partió para enfrentarse a los Kumaso. Su viaje fue peligroso, pero su astucia y valentía pronto le valieron un nuevo nombre. Se enteró de que los Kumaso estaban celebrando un festín, lo que supuso para el joven príncipe una oportunidad de oro para atacar. Sin embargo, atacar de frente era un suicidio. Así que planeó colarse en el banquete. Con la túnica que le había regalado su tía, el príncipe se disfrazó de sirvienta. Se soltó el pelo, lo peinó con un peine y lo adornó con joyas. Sus rasgos suaves le hacían pasar fácilmente por una sirvienta. El príncipe entró en el banquete sin despertar sospechas. Se dice que el líder de los Kumaso llamó al príncipe disfrazado, exigiéndole que sirviera vino más rápido, a lo que él accedió encantado. Al fin y al cabo, estaba esperando a que sus enemigos se emborracharan.

Entonces, en el momento en que los Kumaso estaban completamente borrachos, el príncipe hizo su jugada. Desenvainó un pequeño cuchillo que llevaba oculto bajo la túnica y atacó rápidamente al jefe kumaso. Esta osada hazaña le valió el nombre de Yamato Takeru, que significa simplemente "El valiente de Yamato". Tras sofocar la rebelión tal y como le había ordenado su padre, Yamato Takeru emprendió el camino de vuelta a casa. En su camino, el príncipe añadió más hazañas a su lista de logros, matando a varios seres divinos que se creían hostiles al gobierno de Yamato.

Una representación de Yamato Takeru luchando contra cierto monstruo marino [87]

Sin embargo, a pesar de su victoria, el emperador Keikō permaneció impasible. Veía a su hijo con el mismo recelo y temor que antes. "Ve a las tierras del este y aniquila a aquellos que se nieguen a someterse a mi gobierno", ordenó, enviando a Yamato Takeru a otra peligrosa misión.

En ese momento, Takeru reveló su lado humano más vulnerable. El príncipe, consciente de las intenciones de su padre, confió en su tía. "Sé que mi padre desea mi muerte", dijo, con la voz cargada de tristeza.

Su tía, conmovida por su situación, le entregó la legendaria espada Kusanagi. "Esta espada", le dijo, "fue encontrada en la cola de la gran serpiente asesinada por Susanoo, el gran kami de las tormentas. Te protegerá mientras te enfrentas a tu destino".

Yamato Takeru partió una vez más, acompañado de su fiel esposa. Sin embargo, su viaje fue traicionero. Mientras cruzaban el mar, una violenta tormenta amenazó con hacer zozobrar su embarcación. La princesa Ototachibana se sacrificó ante el dios del mar, calmando la ira del ser divino y permitiéndole a su marido continuar su búsqueda. Afligido pero decidido, Yamato Takeru siguió adelante, conquistando enemigos tanto mortales como divinos.

Su camino lo condujo al paso de Ashigara, donde se encontró con una deidad en forma de ciervo. Al ver a través del disfraz, mató a la deidad, haciendo el paso seguro para futuros viajeros. También logró someter a una deidad en Shinano (actual prefectura de Gunma) antes de llegar a Owari. Fue también aquí donde se casó con la princesa Miyazu, encontrando un breve respiro en su arduo viaje.

El último desafío de Yamato Takeru llegó en el monte Ibuki, una montaña sagrada envuelta en leyendas. Confiado en su fuerza, dejó atrás la espada Kusanagi y se dispuso a enfrentarse a la deidad de la montaña con las manos vacías. En su ascenso, se encontró con un gran jabalí blanco -o, según algunas fuentes, una serpiente blanca- que creyó que era el mensajero de la deidad. Respetando a la criatura, no la mató, sin saber que era la propia deidad.

La deidad, enfurecida por la blasfemia del príncipe, conjuró una poderosa tormenta de granizo. Los vientos helados aullaron a través de las montañas, golpeando a Yamato Takeru con una fuerza implacable. Piedras de granizo del tamaño de un puño cayeron sobre él, y el camino, antes despejado, se convirtió en un laberinto helado y traicionero.

Desorientado y exhausto, el valiente príncipe se tambaleó a través de la tormenta. La maldición de la deidad le caló hasta los huesos, minando su vitalidad y dejándolo febril y débil.

Luchó por encontrar el camino y, afortunadamente, tropezó con un manantial en Samegai. Bebió profundamente, y el refrescante líquido le ofreció un momentáneo descanso de su tormento. Durante un breve periodo, el príncipe sintió que recuperaba su antigua fuerza, pero el respiro fue efímero. La maldición de la deidad de la montaña era demasiado potente. Sabía que su fin estaba cerca.

Yamato Takeru y la espada Kusanagi [88]

Con su último aliento, miró al cielo y una profunda paz se apoderó de él. Su espíritu, liberado de su forma mortal, se transformó en un majestuoso pájaros blanco. El pájaros alzó el vuelo, surcando los cielos, y su pura figura planeó grácilmente de vuelta a su familia.

Cuando el pájaros blanco llegó al palacio imperial, el emperador Keikō vio el espíritu de su hijo. En ese momento, el corazón del emperador se ablandó, y por fin comprendió el verdadero valor y la valentía sin parangón de Yamato Takeru. El miedo y la desconfianza que habían nublado su juicio desaparecieron, sustituidos por un profundo sentimiento de pérdida y pesar. Para honrar al valiente príncipe que había luchado con tanto valor por el reino de Yamato, erigió un gran mausoleo, un tributo duradero al valor y sacrificio de Yamato Takeru.

Tengu, los espíritus de las montañas

Los tengu son una de las criaturas más enigmáticas y formidables del folclore japonés. A menudo representados como duendes de las montañas o espíritus guerreros, estos seres sobrenaturales son tanto venerados como temidos. Se los suele representar con una combinación de rasgos humanos y aviares: cara roja, ojos afilados y penetrantes y, a veces, alas y pico de pájaros. Con el paso del tiempo, la representación de los tengu evolucionó y se hizo más antropomórfica. A veces se los mostraba con una nariz larga y prominente en lugar de pico, aludiendo a su transformación de espíritus aviares en guerreros de aspecto humano.

Máscaras de Tengu [89]

Los tengu son conocidos por su destreza marcial, a menudo representados como hábiles espadachines y maestros del disfraz. Están estrechamente asociados con los yamabushi, o monjes ascetas de montaña, y con frecuencia adoptan su apariencia. Estos monjes, que practicaban una forma de Shugendō -un sistema de creencias que combina el sintoísmo, el budismo y el taoísmo-, eran conocidos por su riguroso entrenamiento y sus místicas prácticas en las montañas.

Una leyenda que involucra a los tengu comienza con la emperatriz viuda Fujiwara no Akirakeiko, también conocida como la emperatriz Somedono, madre del emperador Seiwa. La emperatriz sufría constantemente una dolencia espiritual y a menudo era poseída por espíritus. Se realizaron muchas oraciones y rituales para su recuperación, y se convocó a numerosos monjes y sacerdotes para que realizaran estos ritos, pero la emperatriz seguía atormentada.

En busca de una solución, la corte oyó hablar de un monje que vivía en un remoto templo en la cima del monte Katsuragi, en la actual prefectura de Nara. Este monje había perfeccionado sus rituales mágicos durante muchos años y poseía poderes extraordinarios. Se decía que podía hacer volar su cuenco para buscar comida y su botella para recoger agua, todo ello sin mover un músculo. Intrigado por estas historias sobre sus habilidades, el emperador envió emisarios para convocar a este monje al palacio, con la esperanza de que pudiera curar a la emperatriz.

El monje accedió a ayudar y comenzó un ritual para expulsar al espíritu maligno que asolaba a la emperatriz. Durante el ritual, una de las sirvientas de la emperatriz empezó a llorar y reír descontroladamente. La sujetaron y la golpearon mientras el monje recitaba sus conjuros. Un zorro salió de sus ropas y se reveló como una kitsune, el espíritu responsable de atormentar a la emperatriz. Con otros rituales, el monje consiguió dispersar al kitsune y la emperatriz empezó a recuperarse.

Agradecido por el éxito del monje, el emperador lo invitó a alojarse en el palacio imperial. El monje disfrutó de las comodidades y lujos del palacio, pero su estadía tomó un giro oscuro. Un día, vio a la emperatriz en sus aposentos privados, vestida sólo con su ropa interior. Consumido por el deseo y tal vez influido por susurros malignos, el monje intentó ultrajarla. Los gritos de la emperatriz alertaron a sus damas de compañía, que rápidamente llamaron a Taima no Kamotsugu, el médico de la corte. Kamotsugu detuvo al monje y lo llevó ante el emperador.

Furioso y traicionado, el emperador hizo encarcelar al monje. El monje, sin embargo, no lamentó su acción. Al contrario, declaró su deseo de volver a ver a la emperatriz y juró convertirse en demonio después de la muerte si era necesario. Su siniestro voto fue comunicado al emperador, que ordenó el exilio del monje a las montañas.

En su exilio montañoso, la obsesión del monje se agudizó. Desesperado por reunirse con la emperatriz, se mató de hambre con la intención de transformarse en un demonio. Su malévolo deseo se cumplió y se convirtió en un tengu. Se transformó en una figura de dos metros y medio de altura, calva, de piel negra como la de un cuervo y ojos brillantes de malicia. Empuñando un martillo mágico y vistiendo sólo un taparrabos, descendió sobre el palacio imperial, infundiendo miedo en los corazones de todos los que lo contemplaban.

El tengu se infiltró en la alcoba de la emperatriz y la poseyó, pasando las noches con ella mientras estaba en trance. Cada mañana, las doncellas la encontraban sin recordar nada de sus encuentros. Alarmadas, informaron de los hechos al emperador. El emperador, más preocupado por el futuro de la emperatriz que asustado por el tengu, ordenó nuevos rituales para desterrar al demonio. El tengu también buscó venganza contra Kamotsugu, cuyo miedo lo llevó a una muerte prematura, seguida de las misteriosas muertes de sus hijos.

Durante un tiempo, los rituales tuvieron éxito y el estado de la emperatriz mejoró. Sin embargo, el respiro duró poco. El tengu regresó pronto a la alcoba de la emperatriz y reanudó sus visitas nocturnas. La historia termina con un final inesperado, que deja sin resolver el destino de la emperatriz y el tengu. La moraleja del cuento, según los antiguos narradores, era una advertencia para que las mujeres de la nobleza evitaran las relaciones con sacerdotes, ya que podían conducir al desastre.

Sin embargo, no todas las historias sobre tengu giran en torno a la maldad de la criatura hacia los seres humanos.

El fenómeno de la desaparición misteriosa de personas (generalmente conocido como kamikakushi) era a menudo atribuido a la obra de kami u otros espíritus divinos, y los tengu estaban frecuentemente implicados. Este misterioso secuestro realizado específicamente por un tengu se conoce como tengu sarai. Se decía que los tengu raptaban a la gente, especialmente a los niños, y se los llevaban a las montañas. Estos niños solían regresar con miedo y traumas, pero en raras ocasiones, volvían profundamente cambiados.

Uno de los ejemplos más famosos de secuestro por un tengu fue el de un niño de siete años del periodo Edo llamado Torakichi. Su experiencia fue meticulosamente documentada por un erudito sintoísta, Hirata Atsutane. Según los registros, Torakichi fue secuestrado por tengu y pasó cinco años con ellos. Durante este tiempo, viajó a diferentes lugares de otro mundo, vio la luna de cerca y adquirió muchas habilidades. Aprendió artes marciales, medicina, caligrafía y fabricación de armas bajo la guía de los tengu. A su regreso, Torakichi exhibió habilidades extraordinarias y conocimientos muy superiores a los de su edad.

Aunque a menudo se les teme por sus acciones traviesas y a veces malévolas, los tengu también poseen una gran sabiduría y dominio de las artes marciales. Esta dualidad se ve reflejada en la creencia de algunos de que los tengu son los espíritus reencarnados de sacerdotes budistas que fueron orgullosos y engreídos en vida. Esta noción explica por qué los tengu adoptan con frecuencia la forma de yamabushi, o monjes ascetas de montaña, como reflejo de sus vidas pasadas y su conexión con las disciplinas espirituales y marciales.

Los tengu tienen fama de ser excepcionales espadachines. También tienden a ser mentores de aquellos que consideran dignos en las artes marciales. Esta tutoría suele implicar un riguroso entrenamiento y la transmisión de técnicas secretas que, de otro modo, serían inaccesibles para los humanos corrientes. Uno de los ejemplos más conocidos de mentor tengu es Sōjōbō, el rey de los tengu, que se dice que reside en el monte Kurama.

Minamoto no Yoshitsune, uno de los guerreros más célebres de Japón, es famoso por su relación con Sōjōbō y los tengu. Según la leyenda, tras la muerte de su padre en una guerra, Yoshitsune fue enviado a un templo en el monte Kurama. Allí fue entrenado por el rey de los tengu.

Minamoto no Yoshitsune entrenándose bajo la tutela de Sōjōbō [40]

Bajo la tutela de Sōjōbō, Yoshitsune dominó el arte de la espada, aprendiendo técnicas que le permitían moverse con extraordinaria velocidad y agilidad. También adquirió conocimientos sobre estrategia militar y el uso de la magia en combate. Estas habilidades resultaron muy valiosas durante la guerra de Genpei, en la que Yoshitsune condujo al clan Minamoto a la victoria contra el clan Taira, asegurando su lugar en la historia de Japón como guerrero legendario.

Capítulo 8 - Cuentos de fantasmas

La historia de Okiku tiene muchas variantes, pero la más popular comienza en el castillo de Himeji, donde se cree que se originó la leyenda. Okiku era una sirvienta del castillo, encargada de lavar los platos. Cuando entró por primera vez al servicio del castillo, se maravilló de los muchos tesoros que guardaba, pero ninguno era tan preciado como los diez exquisitos platos que utilizaba el señor para agasajar a los invitados de alto rango. Okiku sabía que tenía que manipular estos platos con sumo cuidado, ya que una sola astilla podía significar su muerte.

La belleza de Okiku era conocida en todo el castillo y atraía la atención de muchos, en especial de los criados samurái. Entre ellos, un samurái llamado Aoyama se encaprichó con ella. Su deseo por Okiku se hizo tan intenso que haría cualquier cosa por tenerla.

Un día, Aoyama se acercó a ella. "Okiku", le dijo, con sus ojos intensos de anhelo, "no puedo ocultar mis sentimientos por más tiempo. Deseo casarme contigo".

El corazón de Okiku latía con fuerza en su pecho. Se inclinó respetuosamente y respondió: "Mi señor, me siento honrada, pero no comparto tus sentimientos".

El rostro de Aoyama se ensombreció con decepción. "Con el tiempo llegarás a amarme", insistió, pero Okiku se mantuvo firme en su negativa.

Los días se convirtieron en semanas y la frustración de Aoyama fue en aumento. Intentó cortejarla con regalos y palabras amables, pero nada la convenció. Finalmente, en un arrebato de desesperación, ideó un siniestro plan para obligarla a entregarse.

Una noche, cuando el castillo estaba en calma, Aoyama entró sigilosamente en la habitación donde se guardaban los preciados platos. Con una sonrisa socarrona, tomó uno de los diez platos y lo escondió. Al día siguiente, se enfrentó a Okiku con tono acusador.

"Falta uno de los platos", dijo, con voz fría y amenazadora. "¿Sabes lo que significa?".

Okiku abrió los ojos horrorizada. Se apresuró a contar los platos, con las manos temblorosas. "Uno, dos, tres, cuatro, cinco, seis, siete, ocho, nueve", susurró, con el corazón destrozado. Contó una y otra vez, pero sólo había nueve.

"Por favor, Aoyama. Te juro que no he perdido el plato", gritó con lágrimas en los ojos.

Aoyama fingió preocupación, pero sus ojos brillaban con malicia. "Okiku", dijo en voz baja, "puedo decirle al señor que no fue culpa tuya. Pero debes aceptar ser mía".

A pesar de su miedo, Okiku se mantuvo firme. "No, mi señor. No puedo".

Su negativa encendió la furia de Aoyama. La agarró bruscamente y la golpeó con una espada de madera. Okiku gritó de dolor, pero no cedió. Enfurecido, Aoyama la ató y la suspendió sobre un pozo del patio.

"Cambiarás de opinión", gruñó, sumergiéndola en el agua fría y oscura, "o morirás".

Cada vez que la levantaba, jadeante, le exigía que obedeciera. Ella se negaba una y otra vez. Finalmente, en un arrebato de ira ciega, Aoyama desenvainó su katana y la golpeó, cayendo su cuerpo sin vida al pozo.

En el folclore japonés, se cree que los espíritus pasan a la otra vida a menos que los retengan fuertes emociones. Una persona que muere injustamente puede convertirse en un onryō, un espíritu vengativo, impulsado por la necesidad de venganza. A diferencia de los yokai, que son criaturas sobrenaturales, los yūrei son espíritus de los muertos (fantasmas), y los onryō se encuentran entre los más temidos, ya que son capaces de causar grandes daños.

Tras su muerte, Okiku se transformó en una onryō. Una noche, su mutilada silueta salió del pozo para recorrer los pasillos del castillo en busca del plato que faltaba. "Uno, dos, tres, cuatro, cinco, seis, siete, ocho, nueve", contaba, con su voz resonando por los pasillos. A continuación, un grito desgarrador estremecía a cualquiera que lo oyera. Quienes oían una parte de la cuenta enfermaban, mientras que los que oían la cuenta completa morían de miedo. Aoyama, atormentado por sus visitas nocturnas, se volvió loco por la falta de sueño.

El señor del castillo, desesperado por acabar con los fantasmas, llamó a un sacerdote para que limpiara los terrenos. El sacerdote, sabio y astuto, esperaba la aparición nocturna de Okiku. Cuando llegó a nueve en su cuenta, gritó rápidamente: "¡Diez!". El espíritu de Okiku, aparentemente satisfecho por haber encontrado el plato perdido, halló por fin la paz. Su expresión atormentada se suavizó y desapareció en el pozo para no volver jamás.

Sin embargo, algunos dicen que el espíritu de Okiku no descansó del todo. En 1795, una extraña plaga de orugas asoló los pozos de Japón. Se creía que estos insectos, parecidos a una mujer atada, eran el espíritu persistente de Okiku. La oruga pasó a conocerse como Okiku mushi. Hoy en día, este insecto es comúnmente conocido como jakō ageha, o el molino de viento chino (Byasa alcinous), un inquietante recordatorio de su trágico destino.

La historia de Okiku se hizo tan famosa que a lo largo de los siglos ha sido adaptada a diversos medios de comunicación. Su historia ha inspirado obras de teatro, libros y películas, y ha cautivado la imaginación del público de todo el mundo. Su relato inspiró la popular película de terror *El Anillo*, conocida como *Ringu* en Japón. La película presenta a un espíritu vengativo con una historia trágica similar, lo que pone de relieve lo arraigada que está la leyenda de Okiku en la cultura japonesa y cómo sigue inspirando las interpretaciones modernas de las historias de fantasmas.

De hecho, el rico folclore japonés alberga innumerables historias de fantasmas, pero hay tres que sobresalen por ser las más famosas e influyentes. Se las conoce como Nihon san dai kaidan o las Tres Grandes Historias de Fantasmas de Japón. La historia de Okiku es una de las tres, y la segunda que vamos a explorar también gira en torno a la venganza. Hoy en día, sigue siendo una de las historias de fantasmas más escalofriantes y convincentes de la historia de Japón.

La maldición de Oiwa

La historia tiene lugar en el periodo Edo y trata sobre una mujer de buen corazón llamada Oiwa. Estaba casada con Tamiya Iemon, un ronin. A diferencia de los legendarios samuráis del pasado, Iemon era un hombre derrochador y un ladrón, famoso por sus fechorías. Durante mucho tiempo, la pareja no vivió una vida matrimonial feliz; sus días transcurrían a menudo con Iemon haciendo berrinches y Oiwa absorbiendo su ira, con la esperanza de que algún día cambiara a mejor. Pero así fue hasta que un día Oiwa sintió que Iemon nunca mejoraría. Decidió abandonarlo. Oiwa confió en su padre, quien también era un ronin en ese momento. Así, tras escuchar los lamentos de su hija, el padre de Oiwa se enfrentó a Iemon y le exigió que se divorciara de Oiwa. También sabía que Iemon había vivido una vida alejada del camino honorable.

"Ya has deshonrado bastante a nuestra familia, Iemon", afirmó con voz firme y autoritaria. "Deja a mi hija y no vuelvas jamás".

Enfurecido por el ultimátum de su suegro y temiendo que se descubrieran sus crímenes, Iemon desenvainó su espada y asesinó a sangre fría al padre de Iowa. De vuelta a casa, le mintió a Oiwa diciéndole que su padre había sido asesinado por unos bandidos en el camino. Le rogó que se reconciliara con él, prometiéndole vengar la muerte de su padre.

Tras la muerte de su padre, Oiwa, desconsolada y vulnerable, decidió quedarse con Iemon. Con el tiempo, quedó embarazada y tuvo un hijo. Sin embargo, los problemas económicos de la familia se agravaron y la salud de Oiwa empeoró tras el parto. A medida que se debilitaba, la frustración y el resentimiento de Iemon hacia ella se intensificaron.

Durante este turbulento periodo, Iemon se cruzó con Oume, la joven y atractiva nieta de Ito Kihei, un acaudalado e influyente médico. Oume, cautivada por Iemon a pesar de su estado civil, se enamoró profundamente de él. Su abuelo, que quería mucho a Oume, decidió asegurar su felicidad a cualquier precio. Juntos planearon apartar a Oiwa de la vida de Iemon y permitir que Oume ocupara su lugar.

Celosos de la belleza de Oiwa y de su posición como esposa de Iemon, Oume y su abuelo conspiraron para destruirla. Ito Kihei, fingiendo benevolencia, le suministró a Oiwa un ungüento que, según él, le devolvería la salud. En realidad, era un veneno destinado a desfigurarla. Con el paso de los días, el estado de Oiwa empeoró. Su rostro, antaño hermoso, se llenó de grotescas cicatrices y el pelo se le cayó a mechones. Al ver la transformación de Oiwa, los sentimientos de Iemon pasaron del resentimiento al odio.

"Iemon, mi amor, ¿funciona el ungüento?" preguntó Oiwa, esperando que su estado mejorara.

Iemon, incapaz de ocultar su repulsión, respondió fríamente: "Sí, Oiwa, sigue usándolo".

Viendo su oportunidad, Ito Kihei le sugirió a Iemon que se divorciara de Oiwa y se casara en su lugar con Oume. "Cásate con mi nieta y heredarás la riqueza de nuestra familia", le prometió.

Encandilado por la belleza de Oume y repugnado por el aspecto de Oiwa, Iemon aceptó. Al fin y al cabo, Oume era más joven que su esposa, y la riqueza de su abuelo era realmente tentadora. Comenzó a vender las pertenencias de Oiwa, incluido su kimono y la ropa de su hijo, para reunir fondos para su nuevo matrimonio. Sin embargo, otro problema persistía: necesitaba una razón legítima para divorciarse de Oiwa. Desesperado, Iemon reclutó a su amigo Takuetsu para que abusara de Oiwa y así poder acusarla de infidelidad.

La noche planeada, mientras Iemon estaba fuera, Takuetsu entró en su casa y se acercó a Oiwa. Pero al ver el desfigurado rostro de Oiwa se sorprendió y cambió de idea: Takuetsu no podía seguir con el plan. Así que optó por decirle la verdad al pobre Oiwa.

"Las disculpas nunca serán suficientes, Oiwa. Pero al menos, déjame decirte la verdad", confesó Takuetsu, con voz temblorosa. "Iemon orquestó todo esto. Quería que te violara para poder decir que le eras infiel".

Desolada, Oiwa se miró al espejo por primera vez desde que se había aplicado la pomada. Vio un reflejo monstruoso que le devolvía la mirada. En un intento desesperado por cubrirse las cicatrices, se pasó el pelo por la cara, pero se le cayó en mechones ensangrentados. Abrumada por la traición y su horrible aspecto, Oiwa agarró la espada de Takuetsu para quitarse la vida. Takuetsu intentó detenerla, pero fracasó. En unos instantes, Oiwa cayó al suelo, rodeada por un charco de sangre.

Mientras agonizaba, maldijo a Iemon con su último aliento. Kohei, el sirviente de Iemon, descubrió más tarde su cuerpo e informó de la noticia. En lugar de pena, Iemon sintió alivio y alegría. Kohei, sospechando que se trataba de un crimen, se enfrentó a Iemon, pero fue asesinado y eliminado junto a Oiwa. Iemon inventó que Kohei y Oiwa eran amantes, lo que le permitió casarse con Oume.

A partir de ahí, la maldición de Oiwa no tardó en surtir efecto. La primera noche después de casarse con Oume, Iemon sintió una sensación de inquietud. Le costaba conciliar el sueño, así que se puso de lado para mirar a su nueva esposa. Para su horror, no estaba Oume a su lado, sino su difunta y desfigurada esposa. Presa del pánico, lanzó un golpe con su espada, sólo para darse cuenta de que había matado a Oume y que la visión de Oiwa no era más que una ilusión. Aterrorizado, pidió ayuda a Ito Kihei, pero se encontró con el fantasma de Kohei. En su frenesí, Iemon volvió a blandir su espada. Cuando la ilusión terminó, descubrió que también había matado a Ito Kihei.

Perseguido por el espíritu vengativo de Oiwa, Iemon huyó a la noche. Aparecía en todas partes: en sus sueños, en las sombras e incluso en los faroles que iluminaban su camino. Enloquecido por su implacable persecución, Iemon buscó refugio en las montañas, pero incluso allí, el fantasma de Oiwa lo encontró. Incapaz de distinguir la realidad de la pesadilla, Iemon cayó en la locura.

La historia del fantasma de la farola de Peonías

La tercera historia del Nihon san dai kaidan comienza la noche del festival Obon, cuando el aire está cargado del aroma del incienso y el suave resplandor de las farolas. Este acontecimiento anual, celebrado para honrar y dar la bienvenida a los

Iemon viendo la cara fantasmal de Oiwa en los faroles [41]

espíritus de los antepasados que regresan a la Tierra durante unos días, es un momento profundamente significativo en la cultura japonesa. Las familias se preparan limpiando sus casas, ofreciendo comida y encendiendo farolas para guiar a los espíritus de sus seres queridos. Es un momento de reverencia y reencuentro, en el que la frontera entre los vivos y los muertos se difumina.

Sin embargo, en medio de las alegres reuniones de un festival Obon, un hombre decidió no participar. Ogiwara Shinnojo, que acababa de perder a su esposa, permaneció en su casa sumido en el dolor. Mientras el festival continuaba en el exterior, Ogiwara se sentó solo, con el corazón oprimido por el dolor.

A lo lejos, percibió una débil luz. Al acercarse, pudo ver que procedía de una farola. La farola, adornada con flores de peonía pintadas, la llevaba una mujer que parecía ser una sirvienta. Junto a ella caminaba otra mujer cuya belleza era tan sorprendente que dejó a Ogiwara casi sin habla. Se levantó para saludarlas, picado por la curiosidad que le producía su misteriosa presencia.

La hermosa mujer se presentó como Otsuyu, y la portadora de la farola era su sirvienta. Le explicaron que acababan de llegar de un templo cercano. Encantado por la belleza de Otsuyu y la sensación de calma que transmitía, Ogiwara las invitó a su casa. Hablaron, rieron y disfrutaron de su mutua compañía hasta bien entrada la noche. Cuando Otsuyu se marchó antes del amanecer, Ogiwara sintió una punzada de tristeza por su partida.

Otsuyu y su sirvienta [48]

Para su sorpresa, Otsuyu volvió la noche siguiente. Una vez más, pasaron la noche juntos, compartiendo historias, risas y, finalmente, la cama. Esta rutina continuó durante varias noches, y Ogiwara se sintió profundamente enamorado. Sus días se convirtieron en un mero preludio de las noches que pasaba con Otsuyu. Apenas salía de casa, consumido por la expectación de su próxima visita.

Sin embargo, el peculiar comportamiento de Ogiwara no pasó desapercibido. Preocupado, uno de sus vecinos decidió ir a verlo una noche. Al oír unas inquietantes risas, el vecino se asomó al interior y quedó horrorizado por lo que vio. Ogiwara no estaba con una hermosa mujer, sino con un cadáver en descomposición, con su forma esquelética apenas cubierta de carne putrefacta.

Al día siguiente, el vecino se enfrentó a Ogiwara y le explicó el espantoso espectáculo que había presenciado. Sorprendido e incrédulo, Ogiwara escuchó cómo el vecino le instaba a dejar de encontrarse con Otsuyu. "Te quitará la vida", le advirtió el vecino. "Debes liberarte de su hechizo".

Decidido a descubrir la verdad, Ogiwara recordó que Otsuyu había mencionado venir de un templo cercano. Se aventuró a ir al templo y, efectivamente, encontró una farola de peonías sobre una tumba. Se le encogió el corazón al darse cuenta de que Otsuyu había muerto hacía mucho tiempo, antes de que se conocieran. Ogiwara contó su experiencia a un sacerdote budista, quien le entregó un amuleto repelente de espíritus para que lo colocara en el exterior de su casa. Aquella noche, Otsuyu no regresó.

A pesar de la eficacia del amuleto, la añoranza de Otsuyu por Ogiwara no hizo más que crecer. Consumido por la tristeza y la desesperación, recurrió al alcohol en busca de consuelo. Una fatídica noche, borracho, Ogiwara tropezó con el templo y se dirigió a la tumba de Otsuyu. Allí, ella apareció ante él, tan hermosa como siempre. Otsuyu lo invitó a quedarse con ella y, abrumado por el amor y la nostalgia, Ogiwara aceptó.

Nunca se volvió a ver a Ogiwara. Cuando el sacerdote decidió abrir la tumba de Otsuyu, descubrió dos cuerpos yaciendo juntos: Ogiwara, abrazando los restos descompuestos de Otsuyu.

Cuentan las leyendas que en las noches oscuras y nubladas, la gente a veces veía a Otsuyu, a su sirviente y a Ogiwara Shinnojo caminando juntos. Quienes los veían caían enfermos, lo que provocaba rituales para liberar a los tres espíritus del reino terrenal para siempre.

La farola de las peonías se distingue de las otras dos historias de fantasmas del Nihon san dai kaidan por su núcleo emocional. Mientras que las historias de Okiku y Oiwa están impulsadas por una feroz venganza, el espíritu persistente de Otsuyu está alimentado por una profunda soledad.

Estas historias de fantasmas tienen un profundo significado cultural, ya que reflejan las normas sociales, los miedos y la mentalidad colectiva respecto a la muerte, la lealtad, el amor y el castigo. Son relatos emocionantes y escalofriantes que ofrecen una visión de los conceptos tradicionales japoneses de la vida y el más allá, y muestran cómo el pasado influye continuamente en el presente. A través de estas historias, exploramos las consecuencias de la traición, el poder del amor y la inevitabilidad de la muerte.

Las historias de fantasmas forman parte de festivales como el Obon, donde se honra y recuerda a los espíritus. Estas historias también han impregnado la literatura, destacando su perdurable popularidad e influencia en el arte y el entretenimiento japoneses.

Cuentos de fantasmas en el teatro japones

Las historias de fantasmas ocupan un lugar destacado en el teatro, especialmente en el Noh y el Kabuki, donde cobran vida en el escenario y cautivan al público con su inquietante belleza. El Kabuki es una clásica danza-drama japonesa conocida por sus estilizadas representaciones, vibrantes trajes y elaborado maquillaje. Originaria de principios del siglo XVII, al principio era interpretada por bailarinas, pero evolucionó hasta convertirse en una forma de arte exclusivamente masculina. Las obras de Kabuki suelen incluir tramas dramáticas, acontecimientos históricos y elementos sobrenaturales.

La historia de Oiwa de *Tōkaidō Yotsuya Kaidan* es una de las historias de fantasmas más famosas representadas en Kabuki, donde la elaborada puesta en escena y la intensa actuación dan vida al trágico y vengativo espíritu, cautivando al público con su horror y profundidad emocional. La historia de Oiwa se representa con un toque dramático, utilizando efectos especiales para crear apariciones fantasmales y escalofriantes escenas. Los elaborados decorados, la iluminación y el maquillaje realzan la inquietante atmósfera, haciendo que el público sienta el horror de la venganza de Oiwa.

Actores de kabuki vestidos de samuráis [48]

El Noh, por su parte, es una forma de teatro más refinada y minimalista que data del siglo XIV. Combina música, danza y actuación para crear un espectáculo muy estilizado. Las obras Noh exploran a menudo temas sobrenaturales, con fantasmas y espíritus como protagonistas. Los actores llevan intrincadas máscaras y trajes, y las representaciones van acompañadas de música tradicional. La historia de Okiku de *Banchō Sarayashiki* es un ejemplo clásico de cuento de fantasmas en Noh, donde la inquietante presencia de Okiku, agraviada en vida, se representa con sutileza y gracia, evocando una sensación de melancolía e inquietud espiritual. El uso de máscaras y una escenografía minimalista ayudan a transmitir la trágica belleza del espíritu de Okiku, creando una representación inquietante y conmovedora.

Tanto el Kabuki como el Noh han adaptado la historia de la Farola de Peonías, destacando la trágica historia de amor entre Ogiwara y la fantasmal Otsuyu. En el Kabuki, el vestuario y la interpretación enfatizan los elementos románticos y sobrenaturales, mientras que en el Noh, la historia se cuenta con un enfoque más tenue e introspectivo.

La integración de estos cuentos en festivales, literatura y representaciones teatrales como el Noh y el Kabuki ilustra su perdurable popularidad e influencia en la cultura y el arte japoneses. A través de estas historias, se recuerda al público el delgado velo que separa la vida de la muerte y las emociones atemporales que unen a la humanidad a través de las generaciones.

Capítulo 9 - La sabiduría de los ancianos

Un anciano y su mujer vivían en un pequeño pueblo. Su vida era una mezcla de sencillez y penuria, entretejida por su trabajo diario. Al acercarse el final del año, el mundo que los rodeaba se transformó en un manto de nieve espesa. El aire se volvió amargamente frío.

La pareja de ancianos se ganaba la vida tejiendo sombreros de paja. Todos los días trabajaban sin descanso,

Un ejemplo de sombrero de paja japonés "

moviendo las manos con destreza y esmero. Al final de ese día, habían conseguido tejer cinco sombreros de paja, con la esperanza de venderlos en el pueblo al día siguiente. Cuando el anciano dejó el último sombrero, suspiró profundamente. "Esposa", se lamentó, "el año nuevo está a punto de llegar y no tenemos pasteles de arroz para celebrarlo. Hace años que no comemos nada para celebrarlo".

En Japón, el año nuevo, u Oshōgatsu, es una época de gran importancia. Es una estación para la familia, para renovar la esperanza y la alegría, y para empezar de nuevo. Los pasteles de arroz, o mochi, simbolizan la prosperidad y la buena fortuna.

La ausencia de estos sencillos manjares acentuaba la pobreza de la pareja. La anciana, sin embargo, miraba a su marido con suave optimismo. "Mañana irás a la ciudad y venderás estos sombreros de paja", le dijo. "Con lo que ganemos, compraremos pasteles de arroz y le daremos la bienvenida al nuevo año".

Reconfortado por sus palabras, el anciano asintió y se fueron a dormir, aferrados a la frágil esperanza de un mañana mejor.

A la mañana siguiente, el anciano partió hacia la ciudad cargado con los cinco sombreros de paja. Caminó penosamente por la espesa nieve, desafiando el helado aire a cada paso. Al llegar al pueblo, llamó a los transeúntes para intentar vender los sombreros. Desgraciadamente, nadie se interesó.

Con el corazón abatido, el anciano emprendió el largo viaje de vuelta a casa, con las esperanzas desvanecidas. La nieve parecía más espesa y el frío más cortante. Mientras caminaba al pie de la montaña, se encontró con una hilera de seis estatuas Jizo. El anciano, conocido por su corazón compasivo, se detuvo y miró las estatuas.

Una fila de estatuas Jizo "

"Ah, pobrecitas", murmuró. "Aunque sean estatuas, seguro que sienten el frío como nosotros". Decidió utilizar los sombreros de paja para cubrir las cabezas de las estatuas Jizo. Una a una, les fue colocando los sombreros hasta llegar a la última estatua. Al darse cuenta de que sólo tenía cinco sombreros, se quitó el suyo y lo colocó sobre la última estatua. Sonriendo por su hazaña, continuó su camino a casa.

Cuando llegó, su mujer lo estaba esperando, con la preocupación grabada en el rostro. "Esposo, ¿dónde está tu sombrero? Debes de estar helado", exclamó.

El anciano relató su encuentro con las estatuas Jizo y cómo había regalado sus sombreros de paja, junto con el suyo. Su mujer escuchaba, con el orgullo aflorando en su corazón. "Tu compasión es admirable", dijo. "Puede que no tengamos pasteles de arroz, pero tenemos la compañía del otro, y eso es lo que de verdad importa".

Pasaron la Nochevieja de la forma más sencilla, sin pasteles de arroz, pero con el calor de su compañía. Cuando se durmieron, estaban contentos.

En mitad de la noche, los despertaron unas voces lejanas que cantaban sobre la bondad del anciano. Los cantos se hicieron más fuertes y, de repente, se oyó un ruido sordo en la puerta. La pareja saltó de la cama y se apresuró a ver qué había ocurrido. Para su asombro, encontraron los pasteles de arroz más frescos, cuidadosamente colocados sobre una estera de paja, justo delante de su puerta.

"¿Quién habrá podido hacer esto?", se preguntó el anciano en voz alta. Observó huellas en la nieve y decidió seguirlas. Rastreó las huellas hasta las seis estatuas Jizo, que aún llevaban los sombreros que les había regalado. Para su asombro, las estatuas caminaban por la nieve.

Encantado, se apresuró a volver con su mujer. "¡Eran las estatuas Jizo! Nos han recompensado por nuestra amabilidad", exclamó.

Su mujer sonrió, con los ojos brillantes de felicidad. "Gracias a tu compasión, podemos disfrutar de los pasteles de arroz y tener una maravillosa celebración de año nuevo después de todo".

Y así, la pareja de ancianos disfrutó de un feliz año nuevo, con el corazón reconfortado por la amabilidad y la gratitud que habían experimentado.

En la creencia japonesa, las estatuas Jizo son protectoras de los niños, los viajeros y las almas de los difuntos. Son veneradas por su papel de guardianes compasivos. Este cuento de las estatuas agradecidas nos enseña que los actos de bondad, por pequeños que sean, nunca se olvidan y a menudo vuelven a nosotros de la forma que menos esperamos.

La sabiduría de los ancianos es un tema muy presente en los cuentos populares japoneses. Arraigados en tradiciones centenarias, estos relatos morales han sido transmitidos de generación en generación, sirviendo no sólo como entretenimiento, sino como herramientas para enseñar y reforzar los valores sociales. Destacan virtudes como la compasión, la honestidad y la humildad, entretejiéndolas en el tejido de la vida cotidiana. A través de historias sencillas pero profundas, los ancianos imparten sabiduría, guiando a los jóvenes y recordando a los mayores los principios que unen a su comunidad.

También hay un cuento que enseña los peligros de la codicia. Esta historia, conocida como "El gorrión de la lengua cortada", también tuvo lugar en una tranquila aldea rural, donde vivía otra pareja. Mientras que el marido era bondadoso y de voz suave, su esposa era una mujer tempestuosa, malhumorada y con una lengua afilada como una espada. Sus palabras podían atravesar el espíritu de cualquiera, dejándolo magullado y maltrecho.

El marido deseaba tener un hijo, pero su malhumorada esposa no quería. Cada vez que él intentaba persuadirla, ella lo regañaba y le gritaba hasta que cedía. Para calmar su anhelo de tener un hijo, el hombre tuvo un gorrión como mascota. Cuidaba al pájaros con todo su corazón, le daba de comer con la mano y pasaba tiempo con él. Su mujer, al ver el cariño que su marido prodigaba al gorrión, despreció terriblemente al pájaros.

La esposa estaba especialmente malhumorada los días de lavado. Hacía tiempo que su juventud se había desvanecido, y ahora su espalda y sus rodillas protestaban por la ardua tarea de arrodillarse para lavar la ropa. Un día, mezcló un poco de almidón y lo puso a enfriar en un cuenco, preparándose para lavar la ropa. De repente, llegó el gorrión y picoteó el almidón. En un arrebato de ira, la mujer agarró al pobre pájaros y le cortó la lengua, luego lo lanzó por los aires, gritando: "¡No vuelvas nunca más!".

Cuando su marido regresó, buscó por toda la casa a su querida mascota. Con el corazón afligido, le preguntó a su mujer qué había pasado. Ella le contó todos los detalles, y la tristeza del hombre aumentó. Buscó al gorrión día y noche, pero al no encontrarlo, perdió la esperanza. Un día, mientras vagaba por las montañas, se encontró con su querido gorrión. El pájaros lo reconoció, y tras intercambiar reverencias y saludos, el hombre le expresó lo mucho que había echado de menos a su mascota. El gorrión lo invitó a su nuevo hogar, y el hombre, encantado, aceptó.

El gorrión se había construido una nueva vida, con una esposa y dos hijas. Presentó su familia al anciano, que estaba encantado con su mascota. Pasaron días juntos, hablando, jugando al Go -un juego de estrategia con piedras blancas y negras sobre un tablero de madera- y riendo. Fue un tiempo maravilloso para ambos.

Al cabo de varios días, el hombre decidió que era hora de volver a casa. El gorrión, aunque triste por su partida, le agradeció la visita. Como muestra de gratitud, el gorrión le ofreció un regalo de despedida. Le puso delante dos cestas, una más pesada que la otra, y le pidió que eligiera. Consciente de su edad y de sus escasas fuerzas, el hombre eligió la cesta más ligera, ya que le resultaría más fácil de transportar por el sendero de la montaña. Y así se separaron, llevándose el hombre a casa la cesta más ligera.

Cuando llegó, su mujer lo recibió con un aluvión de palabras airadas. Estaba furiosa porque llevaba días fuera. El hombre le suplicó que dejara de regañarlo, y ella accedió a regañadientes. Entonces le contó su visita a la casa del gorrión y la amabilidad que le había demostrado. Cuando abrió la cesta, la encontraron llena de oro, coral, piedras preciosas y otros objetos de valor. Los ojos de su mujer brillaban de codicia. Dijo que ella también visitaría al gorrión para recibir un regalo.

La visita de la esposa no fue nada agradable. El gorrión no se alegró de verla, pero, por cortesía, la invitó a su casa. A diferencia de su marido, ella no recibió la misma hospitalidad. Cuando expresó su deseo de marcharse, el gorrión no le ofreció ningún regalo. Sin embargo, ella insistió. Finalmente, el gorrión le ofreció dos cestas, una más pesada que la otra. Codiciosa, eligió la cesta más pesada y emprendió el camino de vuelta a casa. Impaciente, abrió la cesta para ver sus tesoros.

En lugar de oro y gemas, de la cesta surgieron un enjambre de duendes, un oni con cuernos y una serpiente. La serpiente se enroscó alrededor de ella, quebrándole los huesos hasta que encontró su fin.

El marido, tras enterrar a su esposa, adoptó un hijo. Con la riqueza que ahora poseía, padre e hijo vivieron felices para siempre.

Mientras que la historia de las agradecidas estatuas Jizo nos enseña la lección de la bondad, esta historia del gorrión con la lengua cortada nos enseña el peligro de la codicia. Si uno busca más de lo que le corresponde, puede verse envuelto en la desgracia y el sufrimiento.

Otra lección que se suele encontrar en estos antiguos cuentos populares es el peligro del deseo desenfrenado. Los deseos pueden llevar a las personas a aspirar a más de lo que necesitan, alejándolas a menudo de la verdadera felicidad y satisfacción. El anhelo constante de algo más grande puede cegar a uno ante las alegrías sencillas de su vida actual.

Una advertencia sobre el deseo

Había una vez un humilde picapedrero. Todos los días cincelaba grandes piedras en la ladera de la montaña, dándoles forma de losas para lápidas y casas. Durante mucho tiempo se sintió feliz y contento, sin pedir nada más de lo que tenía.

Sin que el picapedrero lo supiera, la montaña donde trabajaba era la morada de un espíritu, que de vez en cuando se aparecía ante los ojos humanos. El hombre había oído historias de este espíritu, pero nunca las creyó. Eso estaba a punto de cambiar.

Un día, mientras el picapedrero llevaba sus piedras a la casa de un hombre rico, se sintió abrumado por el deseo. Se quedó mirando la casa, preguntándose: "¿Qué se sentiría viviendo una vida tan fácil?". A partir de ese día, perdió el interés por su trabajo, pensando que la vida sería más fácil si no tuviera que realizar trabajos pesados y aun así disfrutara del lujo. "Ojalá fuera rico", murmuró, creyendo que sería mucho más feliz.

El espíritu de la montaña escuchó su deseo y, con voz distante, se lo concedió. "Tu deseo ha sido concedido", entonó el espíritu.

El picapedrero, al no encontrar a nadie a su alrededor, se encogió de hombros y volvió a casa, donde encontró su hogar transformado en una gran mansión. Extasiado, se entregó a su nueva vida, olvidando sus viejas costumbres.

Más tarde llegó el verano y, con él, nuevos deseos. Vio llegar a la ciudad a un príncipe, sombreado por sirvientes que sostenían paraguas. "Qué maravilloso sería ser un príncipe", pensó, "protegido de este calor abrasador". Así que deseó ser príncipe, y el espíritu de la montaña le concedió también este deseo.

Viviendo como un príncipe, el picapedrero se sintió poderoso, pero su corazón aún anhelaba más. Mirando hacia arriba, vio el sol, que podía secar los ríos y abrasar la tierra. "El sol es más poderoso", pensó. "Quiero ser el sol".

De nuevo, el espíritu le concedió su deseo. Como el sol, abrasó la tierra y atormentó a todo el mundo hasta que una nube bloqueó sus rayos. Frustrado, se dio cuenta de que ni siquiera el sol era todopoderoso. "Deseo ser la nube", afirmó.

Como nube, bloqueó el sol y derramó lluvia, provocando inundaciones que destruyeron aldeas y palacios por igual. Sin embargo, una gran roca junto a la montaña permaneció intacta. "Esa roca es más poderosa que yo", reflexionó. "Deseo ser la roca".

Transformado en la gran roca, se sintió invencible. Pero un día, otro picapedrero se acercó. Con sus herramientas, el picapedrero lo astilló, provocando la caída de una enorme losa. Impotente, la roca sólo podía mirar. "¿Cómo puede este hombre tan pequeño ser más poderoso que una roca?", gritó. "¡Deseo volver a ser yo mismo!".

El espíritu de la montaña, divertido, le concedió su último deseo.

De vuelta a su humilde forma, el picapedrero se dio cuenta de la locura de sus deseos. "No necesito desear ser algo más grande", pensó. "Debo estar satisfecho y agradecido por lo que tengo".

A partir de ese día, nunca deseó cosas que no tenía. En cambio, valoró lo que ya poseía, comprendiendo que la verdadera felicidad proviene de la satisfacción y la gratitud.

El Obasute: La mítica práctica del abandono de ancianos

En el Japón medieval existía una práctica conocida como obasute (o ubasute), en la que los ancianos eran llevados a las montañas y abandonados. Esta cruel tradición tenía su origen en la creencia de que los ancianos, incapaces de realizar trabajos pesados, consumían valiosos recursos sin contribuir significativamente a la comunidad.

Una de estas historias de obasute se refiere a un joven granjero y su anciana madre. Vivían bajo el dominio de un señor especialmente despiadado, que decretó que todo aquel que alcanzara la edad de setenta años debía ser llevado a las montañas y abandonado a su suerte. Los ancianos eran vistos como una carga y su sabiduría se infravaloraba en comparación con su consumo diario de arroz.

Cuando la madre del granjero cumplió setenta años, supo que había llegado el momento. "Mi querido hijo", le dijo con dulzura, "debes llevarme a las montañas. Es el decreto del señor".

Al joven granjero le dolió el corazón sólo de pensarlo. "Madre, no puedo hacer tal cosa. Me has cuidado toda mi vida".

"Debes hacerlo", insistió ella, "porque la ira del señor será severa si desobedecemos".

Representación de un joven llevando a su madre a la cima de la montaña para practicar el Obasute [46]

Con gran reticencia y el corazón afligido, el joven granjero aceptó. Cargó a su madre a cuestas, ascendiendo por el empinado y rocoso sendero. Por el camino, ella arrancaba silenciosamente ramitas de los árboles y las dejaba caer detrás de ellos.

"Madre, ¿por qué rompes las ramitas?", preguntó él.

"Para que encuentres el camino de vuelta a casa", respondió ella. Sus palabras lo hicieron llorar. Conmovido por su abnegación, incluso ante la muerte, el joven granjero no pudo soportar dejarla. Dio media vuelta y llevó a su madre a casa, escondiéndola en una habitación secreta que excavó bajo su casa.

La aldea pronto se enfrentó a una nueva amenaza. Un ambicioso señor pretendía conquistar sus tierras, y lanzó un desafío al cruel señor de la aldea: fabricar una cuerda hecha de ceniza, y la aldea se salvaría. Si fracasaban, la aldea caería.

Desesperado por salvar a su pueblo y conservar su poder, el cruel señor reunió a los aldeanos y les preguntó si alguien sabía cómo crear esa cuerda. Ninguno supo responder. El joven granjero, ansioso por ayudar, consultó a su madre oculta.

La anciana pensó un momento y luego dijo: "Moja un poco de paja con agua salada y teje con ella una cuerda. Déjala secar y luego quémala con cuidado. La ceniza mantendrá la forma de la cuerda".

Siguiendo sus instrucciones, el joven granjero creó la cuerda de ceniza y se la presentó al cruel señor. Asombrado, el señor le preguntó: "¿Cómo se te ha ocurrido a ti, un simple granjero, semejante sabiduría?".

El joven confesó: "No fue mi sabiduría, sino la de mi madre. Ella aún vive, escondida en mi casa".

Al darse cuenta de la profundidad de su error, el cruel señor vio la inestimable sabiduría de los ancianos. Revocó el decreto y declaró: "Ahora que nuestra aldea vuelve a estar a salvo, que se sepa que ningún anciano volverá a ser abandonado. Sus conocimientos y experiencia son tesoros que debemos honrar y proteger".

Capítulo 10 - Símbolos clave del folclore japonés

El folclore japonés está lleno de símbolos y motivos que revelan verdades fundamentales sobre la vida, la naturaleza y la humanidad. Por lo general, estos símbolos están intrincadamente entretejidos en las historias, aportando lecciones y orientación a quienes prestan atención.

Por ejemplo, la mayoría de la gente no puede evitar pensar en los cerezos en flor cuando oye la palabra Japón. Y es justo, porque para los japoneses los cerezos en flor son algo más que flores. Estas flores sakura florecen en primavera y alegran a todo el que las ve. Pero su belleza es efímera y nos recuerda que la vida es corta y preciosa. Todos los años, familias y amigos se reúnen bajo los árboles en flor para celebrar la tradición del hanami, o contemplación de las flores. Ríen, comparten historias y disfrutan del momento, sabiendo que las flores pronto caerán. A través de estas historias, los cerezos en flor nos enseñan a valorar cada día y a apreciar la belleza que nos rodea.

Esta profunda conexión con el sakura se ve plasmada en innumerables historias y poemas en los que se celebran las flores por su belleza y por las profundas lecciones que enseñan sobre el ciclo de la vida.

Cerezos en flor en el monte Yoshino [47]

Una de esas historias habla de un samurái que se sentaba bajo los cerezos a contemplar la transitoriedad de la vida. La caída de los pétalos le recordaba la fragilidad de la existencia y la importancia de vivir honrada y plenamente. Este cuento, como muchos otros, ilustra cómo la flor del cerezo es un poderoso símbolo de belleza y fugacidad, que enseña el valor de la atención y la presencia.

Mientras tanto, en los ríos y arroyos, los peces koi nadan con todas sus fuerzas contra las fuertes corrientes. En la cultura japonesa, el pez koi, o carpa, es símbolo de suerte, perseverancia y fuerza. Durante los festivales, la gente celebra el viaje del koi en su lucha río arriba, símbolo de la capacidad para superar los retos de la vida. En el festival anual del Día del Niño, las familias ondean mangas de viento con forma de koi, llamadas koinobori, para celebrar la esperanza de que sus hijos crezcan siendo tan fuertes y decididos como el koi. Hay historias de koi que se transforman en poderosos dragones, demostrando que la determinación y el trabajo duro pueden conducir a una gran transformación y al éxito. Estos cuentos nos animan a ser resistentes por muy difícil que sea nuestro camino.

El abanico plegable, con sus elegantes curvas e intrincados diseños, es otro símbolo con significado. Conocido como sensu, u ogi, el abanico plegable simboliza el despliegue de posibilidades futuras y la elegancia del viaje de la vida. Los abanicos suelen regalarse para transmitir buenos deseos y la esperanza de un futuro brillante. El acto de abrir un abanico es una metáfora de la revelación del potencial oculto y el aprovechamiento de nuevas oportunidades.

El delicado diseño del abanico y sus gráciles movimientos en las danzas y ceremonias tradicionales japonesas cuentan historias de belleza, estatus y buena fortuna. Cada movimiento del abanico puede revelar una nueva escena o emoción, lo que lo convierte en una versátil herramienta para contar historias y expresarse.

Abanico plegable japonés del periodo Heian [48]

En muchos cuentos populares, un abanico desempeña un papel crucial. Una historia popular habla de una joven doncella que, con la ayuda de un abanico mágico, fue capaz de revelar tesoros y secretos ocultos. Este cuento, como muchos otros, muestra el poder del abanico como símbolo de guía.

Las criaturas míticas también desempeñan un papel importante en el folclore japonés. Los dragones, venerados por su poder y fuerza, son vistos como protectores y guardianes de la naturaleza. La capacidad del dragón para controlar el clima y los mares destaca su papel como seres poderosos pero compasivos. En los festivales, las danzas de dragones celebran su poder y traen buena fortuna a las comunidades. Las historias de dragones destacan su naturaleza protectora, mostrándonos que la verdadera fuerza reside en salvaguardar y cuidar a los que nos rodean.

La propia naturaleza está impregnada de simbolismo en el folclore japonés. El agua, por ejemplo, es símbolo de pureza y cambio. Purifica y sustenta la vida, y su flujo representa el movimiento y la transformación constantes de la existencia. Los ríos, los lagos y el mar se representan a menudo como el hogar de espíritus como los kappa, que encarnan la doble naturaleza del agua: generadora de vida y potencialmente peligrosa. Estas historias nos enseñan a respetar y honrar el mundo natural, comprendiendo su papel vital en nuestras vidas. La naturaleza siempre cambiante del agua nos recuerda que la vida es fluida y que debemos adaptarnos a su flujo.

Las montañas ocupan un lugar sagrado en la cultura japonesa. Estos imponentes picos son venerados y adorados, ya que se los considera la morada de dioses y espíritus. Las peregrinaciones a las montañas sagradas son habituales. Los cuentos populares suelen presentar deidades de las montañas que ponen a prueba la determinación de los personajes, guiándoles hacia el crecimiento personal y la iluminación.

Los bosques, con su denso follaje y sus profundidades ocultas, simbolizan el misterio y la vida. Son el hogar de espíritus como el kodama, que habita en los árboles y vigila los bosques. En el folclore, los bosques son lugares tanto de peligro como de refugio.

Todos estos símbolos ofrecen lecciones morales, guiando a los personajes para que tomen decisiones éticas y abracen virtudes como el valor, la compasión y la humildad. Sirven como elementos de advertencia, destacando los peligros de la avaricia, el orgullo y la falta de respeto por la naturaleza.

En el folclore japonés, los símbolos también desempeñan un papel importante en el concepto de "mono no aware", la conciencia de la transitoriedad de las cosas. Este concepto está profundamente arraigado en la cultura japonesa y se refleja en la apreciación de momentos fugaces de belleza, como la floración de los cerezos o el paso de las estaciones. Los símbolos de estos cuentos evocan a menudo un sentimiento de nostalgia y aprecio por la naturaleza pasajera de la vida. Nos enseñan a encontrar la belleza en la temporalidad y a vivir conscientes del presente.

Al final, estos símbolos e historias sirven de puente entre el mundo tangible y el espiritual. Nos conectan con el orden natural y nos ayudan a comprender el comportamiento humano. Nos recuerdan que formamos parte de un mundo más amplio, unido por experiencias, valores y sueños compartidos. En nuestro viaje por la vida, estos símbolos nos guían y nos enseñan a vivir con respeto, gratitud y conciencia.

Conclusión

A medida que nuestro viaje a través de los cuentos populares y las leyendas japonesas llega a su fin, se hace evidente que estas historias son mucho más que ecos de un pasado remoto. En cada cuento surgen temas que resuenan profundamente en el espíritu humano, tocando los valores eternos que unen a la humanidad.

Estos cuentos populares revelan el profundo respeto que la cultura japonesa siente por la naturaleza. A través de las historias de los kami, espíritus que habitan desde las montañas más poderosas hasta los arroyos más pequeños, se muestra que el mundo natural es sagrado y está vivo. Las historias de los kappa y el alcanforero sagrado de la estación de Kayashima nos recuerdan que cada elemento de la naturaleza está imbuido de vida y merece respeto.

La lealtad y el honor brillan en muchos de estos relatos, especialmente en las leyendas de samuráis como Miyamoto Musashi y los cuarenta y siete ronin. Estas historias de valor y sacrificio demuestran que la verdadera fuerza no reside en la fuerza, sino en la inquebrantable dedicación a los principios. La historia de los cuarenta y siete ronin, que vengaron la muerte de su maestro a un gran costo personal, habla de los valores eternos de la lealtad y el valor.

La sabiduría que encierran estos cuentos populares trasciende el tiempo y ofrece una visión de la condición humana. Se exploran temas como el amor, el sacrificio, el valor y la astucia. El cuento de Urashima Taro, por ejemplo, reflexiona sobre la fugacidad del tiempo y las consecuencias de las acciones, instando a tomar decisiones meditadas y a valorar cada momento. Estas historias invitan a mirar más allá de la superficie para buscar las verdades más profundas que nos guían hacia una existencia más significativa.

En un mundo moderno tan acelerado, las lecciones de estas antiguas historias hacen hincapié en frenar y reflexionar sobre la vida. Estos cuentos son guías que nos ayudan a superar los retos de la vida contemporánea, ya sea respetando la naturaleza, defendiendo el honor o actuando con amabilidad y empatía.

Estas historias también tienden puentes entre culturas, ofreciendo una visión del rico patrimonio japonés y de los valores que han conformado su sociedad. Los temas universales del amor, el honor y lo sobrenatural trascienden las fronteras culturales y permiten conectar con los demás a un nivel profundo. A través de estos cuentos, se adquiere una perspectiva más amplia de las tradiciones y los valores, lo que enriquece nuestra comprensión del mundo.

Los cuentos populares japoneses también inspiran la creatividad e influyen en innumerables obras de arte, literatura y cine. Las imágenes y los profundos temas de estas historias siguen cautivando a artistas y escritores, y constituyen un manantial de ideas que pueden reinventarse de formas nuevas e innovadoras.

Al cerrar las últimas páginas de este libro, se hace evidente que los cuentos populares japoneses son tesoros atemporales que ofrecen lecciones que son tan valiosas hoy como lo fueron en el pasado. Nos recuerdan a todos que debemos vivir en armonía con la naturaleza, defender el honor y la lealtad, y buscar la sabiduría en la vida cotidiana. Dejemos que estas historias nos inspiren a cuidar la tierra, a actuar con integridad y a valorar la sabiduría transmitida de generación en generación. El legado de estos cuentos populares sigue vivo, guiando con verdades intemporales y enriqueciendo la vida de forma profunda y duradera. Estas historias seguirán cautivando e inspirando, mostrando el poder de la narración para dar forma a nuestra comprensión del mundo y del lugar que ocupa la humanidad en él.

Vea más libros escritos por Enthralling History

Referencias

"About Inari-Okami," *Spirit Fox* (blog), May 31, 2022. https://spiritfoxtarot.wordpress.com/my-patron-inari/.

Barsotyi, Marty. "People From Japanese Lore: Yamato Takeru." *Wasshoi*, November 9, 2021. https://www.wasshoimagazine.org/blog/discovering-japan/yamato-takeru.

Cartwright, Mark, and Taku. "Izanami and Izanagi." *World History Encyclopedia*, July 2, 2024. https://www.worldhistory.org/Izanami_and_Izanagi/.

Cavendish, Richard. "The Forty-Seven Ronin Incident." *History Today*, December 12, 2002. https://www.historytoday.com/archive/months-past/forty-seven-ronin-incident.

Copeland, Rebecca. "Yamamba: The Japanese Mountain Witch." *Medium*, February 12, 2022. https://medium.com/japonica-publication/yamamba-the-japanese-mountain-witch-b1c13262300b.

De Lange, William. "Arima Kihei." *Miyamoto Musashi* (blog), accessed June 18, 2024. http://www.miyamotomusashi.eu/duels/arima-kihei.html.

"Fourth Century: The Legend of Prince Yamatotakeru: The Path He Took and Yamato's Expansion," *Heritage of Japan* (blog), February 4, 2009. https://heritageofjapan.wordpress.com/following-the-trail-of-tumuli/4th-century-the-legend-of-prince-yamatotakeru-the-path-he-took-and-yamatos-expansion/.

Frydman, Joshua. *The Japanese Myths: A Guide to Gods, Heroes and Spirits*. National Geographic Books, 2022.

Griffis, William Elliot. "The Tongue-Cut Sparrow: A Fairy Tale From Japan," Professor D.L. Ashliman (University of Pittsburgh), last modified April 5, 2015. https://sites.pitt.edu/~dash/sparrow.html.

Japonais, Katana. "Samurai and Their Relationship With the Katana: History and Anecdotes." *Katana Sword* (blog), April 7, 2023. https://katana-sword.com/blogs/katana-blog/samurai-and-their-relationship-with-the-katana-history-and-anecdotes.

Kimball, Donny. "The Myth Shuten Doji | Kyoto's Mt. Oe & the 'Drunken Demon.'" *A Different Side of Japan* (blog), December 2, 2023. https://donnykimball.com/shuten-doji-mt-oe-8334ec2dd479.

Kincaid, Chris. "The Stonecutter." *Japan Powered* (blog), May 23, 2016. https://www.japanpowered.com/folklore-and-urban-legends/stonecutter.

Kondo, Daniel. "Princess Kaguya | a Tale for the Ages." Japan House (Los Angeles), September 9, 2021. https://www.japanhousela.com/articles/princess-kaguya-a-tale-for-the-ages/.

Linfamy. "Yokai Explained: Tofu Boy (Don't Eat What He Gives You)." YouTube video, 4:33, November 27, 2021. https://www.youtube.com/watch?v=-s_vQ_W73qo.

Lye, Sian. "Volcanoes: What Are They?" Japan National Tourism Association, accessed June 11, 2024. https://www.japan.travel/national-parks/plan-your-visit/guides-and-stories/volcanoes-what-are-they/#:~:text=Japan's%20volcanoes%20are%20largely%20formed,by%2Dproduct%20of%20volcanic%20activity.

Masanobu, Kagawa. "'Tengu': The Birdlike Demons That Became Almost Divine." Nippon Communications Foundation, December 2, 2022. https://www.nippon.com/en/japan-topics/b02507/.

Matsui, Alana. "Scary Stories: 7 Japanese Tales That Will Chill You to the Bone." *Savvy Tokyo*, February 6, 2024. https://savvytokyo.com/scary-stories-7-japanese-tales-that-will-chill-you-to-the-bone/.

"Mt. Ibuki." Omi Tourism Board, February 21, 2020. https://visit-omi.com/poi/article/mt-ibuki.

Meyer, Matthew. "Hōsōgami." Yokai.com GK, accessed June 24, 2024. https://yokai.com/housougami/.

Meyer, Matthew. "Oiwa." Yokai.com GK, accessed June 25, 2024. https://yokai.com/oiwa/.

Meyer, Matthew. "Okiku." Yokai.com GK, accessed June 25, 2024. https://yokai.com/okiku/.

Meyer, Matthew. "Toyotama Hime." Yokai.com GK, accessed June 21, 2024. https://yokai.com/toyotamahime/.

Meyer, Matthew. "Yamabiko." Yokai.com GK, accessed June 27, 2024. https://yokai.com/yamabiko/.

Naoki, Matsumoto. "Amaterasu: The Japanese Sun Goddess." Nippon.com, July 1, 2023. https://www.nippon.com/en/japan-topics/g00748/amaterasu-the-japanese-sun-goddess.html.

Rinpoche, H.E. Tsem. "Kappa – the Japanese Water Demon | 河童 – 日本水怪," Tsem Rinpoche, February 21, 2024. https://www.tsemrinpoche.com/tsem-tulku-rinpoche/one-minute-story/kappa-the-japanese-water-demon.

Strusiewicz, Cezary Jan. "How Women Disappeared From Kabuki Theater | Tokyo Weekender." *Tokyo Weekender*, January 10, 2022. https://www.tokyoweekender.com/art_and_culture/japanese-culture/no-women-kabuki-theater-japan/.

"The Legendary Duel Between Sasaki Kojiro and Miyamoto Musashi." *The Archaeologist: Civilizations of the World* (blog), November 15, 2022. https://www.thearchaeologist.org/blog/the-legendary-duel-between-sasaki-kojiro-and-miyamoto-musashi.

"The History of Miyamoto Musashi." Niten Institute, accessed June 15, 2024. https://m.niten.org/english/instituto/miyamoto_musashi/musashi-biografia.

"The Myths of Japan: Into the Underworld." Miyazaki Prefecture Tourism Association, accessed June 13, 2024. https://visitmiyazaki.com/mythology/into-the-underworld/.

"The Story of Kiyohime." Tenabe International English Guide Association (TIEGA), accessed June 21, 2024. https://tekutekutb.kiiminpo.jp/cnts2/lw/?db=tiega&mode=tiega&id=241020&name=The+Story+of+Kiyohime.

"Tsuru No Ongaeshi – Japanese Folktale." *Kyuhoshi* (blog), updated April 9, 2024. https://www.kyuhoshi.com/tsuru-no-ongaeshi/.

Uchida, Yoskiko. "The Wise Old Woman." | *Kirkus Reviews*," October 1, 1994. https://www.kirkusreviews.com/book-reviews/yoshiko-uchida/the-wise-old-woman/.

Wright, Gregory. "Inari." Mythopedia, December 6, 2022. https://mythopedia.com/topics/inari.

Fuentes de imágenes

1. Boccaccio1, CC BY 2.0 <https://creativecommons.org/licenses/by/2.0>, via Wikimedia Commons: https://commons.wikimedia.org/wiki/File:Yotei_Volcano_on_Hokkaido_in_Japan_20101025.jpg
2. https://commons.wikimedia.org/wiki/File:Izanagi_and_Izanami_giving_birth_to_Japan_c1870_after_Kawanabe_Kyosai.jpg
3. https://commons.wikimedia.org/wiki/File:Japan_Map_CIA_2021.png
4. ChiefHira, CC BY-SA 3.0 <https://creativecommons.org/licenses/by-sa/3.0>, via Wikimedia Commons: https://commons.wikimedia.org/wiki/File:Yomotsu_Hirasaka.JPG
5. Brigham Young University, CC BY-SA 4.0 <https://creativecommons.org/licenses/by-sa/4.0>, via Wikimedia Commons: https://commons.wikimedia.org/wiki/File:30.Yukionna.jpg
6. A.Davey from Portland, Oregon, EE UU, CC BY 2.0 <https://creativecommons.org/licenses/by/2.0>, via Wikimedia Commons: https://commons.wikimedia.org/wiki/File:Two_Women_rinse_the_hands_(act_of_misogi_using_temizu)_(1915-04_by_Elstner_Hilton).jpg
7. I, KENPEI, CC BY-SA 3.0 <http://creativecommons.org/licenses/by-sa/3.0/>, via Wikimedia Commons: https://commons.wikimedia.org/wiki/File:Hushimi-inari-taisha_omotesando.jpg
8. DVMG, CC BY 3.0 <https://creativecommons.org/licenses/by/3.0>, via Wikimedia Commons: https://commons.wikimedia.org/wiki/File:Keihan_Kayashima_Station_platform_-_panoramio_(11).jpg

9. en.Wikipedia: Werewolf, CC BY-SA 3.0 <http://creativecommons.org/licenses/by-sa/3.0/>, via Wikimedia Commons: https://commons.wikimedia.org/wiki/File:Inuyama_inari_1.jpg

10. Marco Almbauer, CC BY-SA 4.0 <https://creativecommons.org/licenses/by-sa/4.0>, via Wikimedia Commons: https://commons.wikimedia.org/wiki/File:Torii,_Fushimi_Inari-Taisha.jpg

11. https://commons.wikimedia.org/wiki/File:Wind_God_and_Thunder_God_Screens_by_Tawaraya_Sotatsu_hi-res.png

12. https://commons.wikimedia.org/wiki/File:Installation_of_the_Sun_Goddess_(Amaterasu)_c1870_after_Kawanabe_Kyosai.jpg

13. https://commons.wikimedia.org/wiki/File:Origin_of_the_Cave_Door_Dance_(Amaterasu)_by_Shunsai_Toshimasa_1889.jpg

14. Douglas Perkins, CC BY 4.0 <https://creativecommons.org/licenses/by/4.0>, via Wikimedia Commons: https://commons.wikimedia.org/wiki/File:Ise_Jingu_02.jpg

15. SLIMHANNYA, CC BY-SA 4.0 <https://creativecommons.org/licenses/by-sa/4.0>, via Wikimedia Commons: https://commons.wikimedia.org/wiki/File:Daisho_Uesugi_clan_2.jpg

16. https://commons.wikimedia.org/wiki/File:Samurai-in-Armour-by-Kusakabe-Kimbei.png

17. https://commons.wikimedia.org/wiki/File:Miyamoto-Musashi-Fights-Sasaki-Kojiro-at-Ganryujima-Ukiyo-e.png

18. https://commons.wikimedia.org/wiki/File:Kanadehon-Chushingura-Stage-3-Utagawa-Kuniteru.png

19. https://commons.wikimedia.org/wiki/File:Sengakuji_Ronin_Graves.jpg

20. https://commons.wikimedia.org/wiki/File:Taketori_Monogatari_2.jpg

21. ★Kumiko★ from Tokyo, Japan, CC BY-SA 2.0 <https://creativecommons.org/licenses/by-sa/2.0>, via Wikimedia Commons: https://commons.wikimedia.org/wiki/File:%E4%B8%83%E5%A4%95_(19545533256).jpg

22. https://commons.wikimedia.org/wiki/File:Chikanobu_The_Boatman.jpg#filehistory

23. https://commons.wikimedia.org/wiki/File:Dojoji_engi_emaki_-_p4.png

24. https://commons.wikimedia.org/wiki/File:MasayoshiTofu-Kozo.jpg

25. https://commons.wikimedia.org/wiki/File:Yoshitoshi_Driving_away_the_Demons.jpg

26. https://commons.wikimedia.org/wiki/File:Hokusai_Sangoku_Yoko-den.jpg

27. Miyuki Meinaka, CC BY-SA 4.0 <https://creativecommons.org/licenses/by-sa/4.0>, via Wikimedia Commons: https://commons.wikimedia.org/wiki/File:Splited_Sessho-Seki.jpg

28. https://commons.wikimedia.org/wiki/File:Hokusai_tea-kettle_raccoon.jpg

29 https://commons.wikimedia.org/wiki/File:Oni.jpg

30 https://commons.wikimedia.org/wiki/File:Parelduikers_Pearl_divers.jpg

31 https://commons.wikimedia.org/wiki/File:Jinjyoshogakukokugotokuhon-v3-p040.jpg

32 https://commons.wikimedia.org/wiki/File:Matsuki_Heikichi(1899)-Urashima-p12.jpg

33 https://commons.wikimedia.org/wiki/File:Matsuki_Heikichi(1899)-Urashima-p03.jpg

34 https://commons.wikimedia.org/wiki/File:Kyoka_Hyaku-Monogatari_Kappa.jpg

35 https://commons.wikimedia.org/wiki/File:Suushi_Yama-uba.jpg

36 https://commons.wikimedia.org/wiki/File:YOSOJI%27S_CAMELLIA_TREE.jpg

37 https://commons.wikimedia.org/wiki/File:Kosa_Yamato_Takeru_and_monster_fish.jpg

38 https://commons.wikimedia.org/wiki/File:Yamato-Takeru-with-Sword-Kusanagi-no-Tsurugi-by-Ogata-Gekko.png

39 Motokoka, CC BY-SA 4.0 <https://creativecommons.org/licenses/by-sa/4.0>, via Wikimedia Commons: https://commons.wikimedia.org/wiki/File:Tengu_Masks,_Awashima_jinja_shrine_2.jpg

40 https://commons.wikimedia.org/wiki/File:Yoshitsune_Training_with_the_Tengu_Sojobo_LACMA_M.84.31.530a-c_(cropped).jpg

41 https://commons.wikimedia.org/wiki/File:Kuniyoshi_The_Ghost_in_the_Lantern.jpg

42 https://commons.wikimedia.org/wiki/File:Yoshitoshi_Botan_Doro.jpg

43 https://commons.wikimedia.org/wiki/File:Kabuki_actors_dressed_as_samurai_in_1880.jpg

44 https://commons.wikimedia.org/wiki/File:Japanese_buddhist_monk_hat_by_Arashiyama_cut.jpg

45 Naokijp, CC BY-SA 4.0 <https://creativecommons.org/licenses/by-sa/4.0>, via Wikimedia Commons: https://commons.wikimedia.org/wiki/File:Bandai-ji,_Jizo_Statue_001.jpg

46 https://commons.wikimedia.org/wiki/File:Yoshitoshi_-_100_Aspects_of_the_Moon_-_97.jpg

47 Luka Peternel, CC BY-SA 4.0 <https://creativecommons.org/licenses/by-sa/4.0>, via Wikimedia Commons: https://commons.wikimedia.org/wiki/File:Yoshino-yama-hills-cherry-blossom-2018-Luka-Peternel.jpg

48 https://commons.wikimedia.org/wiki/File:Fan_of_Japanese_Cypress_ITUKUSHIMA_shrine.JPG

www.ingramcontent.com/pod-product-compliance
Lightning Source LLC
Chambersburg PA
CBHW070335010526
44107CB00004B/514